Danuta Gwizdalanka
Der »weibliche Vulcan«

Deutsches Polen-Institut

Polnische Profile

Herausgegeben von
Peter Oliver Loew

Band 15

2023

Harrassowitz Verlag · Wiesbaden

Danuta Gwizdalanka

Der »weibliche Vulcan«

Die Pianistin und Komponistin Maria Szymanowska

Aus dem Polnischen von Peter Oliver Loew

2023

Harrassowitz Verlag · Wiesbaden

Gefördert aus den Mitteln des Polnischen Instituts Düsseldorf und des Ministeriums für Auswärtige Angelegenheiten der Republik Polen

Umschlagabbildung: Maria Szymanowska im Jahre 1816
Quelle: cyfrowe.mnw.art.pls.

Übersetzung aus dem Polnischen: Peter Oliver Loew

Redaktion: Hans Gregor Njemz

© Copyright by Polskie Wydawnictwo Muzyczne, Kraków Poland 2022

Deutsche Übersetzung © 2023 by Deutsches Polen-Institut

Bibliografische Information der Deutschen Nationalbibliothek
Die Deutsche Nationalbibliothek verzeichnet diese Publikation in der Deutschen
Nationalbibliografie; detaillierte bibliografische Daten sind im Internet
über https://dnb.de abrufbar.

Informationen zum Verlagsprogramm finden Sie unter
https://www.harrassowitz-verlag.de

© Otto Harrassowitz GmbH & Co. KG, Wiesbaden 2023
Das Werk einschließlich aller seiner Teile ist urheberrechtlich geschützt.
Jede Verwertung außerhalb der engen Grenzen des Urheberrechtsgesetzes ist
ohne Zustimmung des Verlages unzulässig und strafbar. Das gilt insbesondere
für Vervielfältigungen jeder Art, Übersetzungen, Mikroverfilmungen und
für die Einspeicherung in elektronische Systeme.
Gedruckt auf alterungsbeständigem Papier.
Umschlag: Tatjana Beimler
Druck und Verarbeitung: Memminger MedienCentrum AG
Printed in Germany

ISSN 2197-6066   ISBN 978-3-447-11913-9
eISSN 2701-8962   eISBN 978-3-447-39342-3

Inhalt

Einleitung	1
Fräulein Wołowska	5
Frau Szymanowska	13
»Rittersaal« für polnische Mütter	19
Ideen für ein anderes Leben	27
Für den Salon, für die Damen	37
Am Scheideweg	47
In Russland	53
In den östlichen Grenzgebieten Polens	59
Beginn der großen Reise	65
Die »Königin der Töne« trifft den »Dichterfürsten«	69
Vor dem deutschen Publikum	77
In Paris	85
Gefühl bis in die Fingerspitzen	89
Londoner Honorare	97
Grand Tour	105
Zurück in London	113
Szymanowska und »die polnische Frage«	123
Über Wilna nach Sankt Petersburg	129
In Moskau	135
Petersburger Pflichten	143
Zeitvertreib in Sankt Petersburg	149
Eine bezaubernde, aufgeklärte und pragmatische Frau	157
Das letzte Jahr	163
Anhang	167
Zur Familie	167
Wichtige Werke	169
Personenverzeichnis	171

Einleitung

Im Jahre 2021 feierte die Musikwelt den 80. Geburtstag von Martha Argerich, der »Tastenlöwin«, wie die Presse sie unter Rückgriff auf eine zehn Jahre zuvor erschienene Biographie nannte. Ein Jahr nach diesem Jubiläum jährte sich zum 200. Male der Moment, in dem die erste Argerich vergleichbare Pianistin in den Konzertsälen erschien – eine Virtuosin, die außerhalb des berufsmusikalischen Milieus großgeworden war. Es handelte sich um Maria Szymanowska, eine geborene Wołowska, die Johann Wolfgang von Goethe als »weiblichen Vulcan« bezeichnete und die der polnische Nationaldichter Adam Mickiewicz als »Königin der Töne« auf den musikalischen Thron hob.
Seit Generationen saßen Frauen an Spinetten, Virginalen, Clavichorden, Cembali und schließlich auch an Klavieren. Bewusst wird einem dies durch unzählige bildliche Darstellungen, doch auch zahlreiche Schriftquellen bezeugen, dass viele von ihnen ihre Instrumente hervorragend beherrschten. Baron Grimm erklärte 1766 in der Pariser CORRESPONDANCE LITTÉRAIRE, Nannerl Mozart habe auf dem Cembalo eine solche Meisterschaft erreicht, dass allenfalls ihr Bruder noch größeren Eindruck hinterlasse, allerdings nur aufgrund seiner Phantasie, denn sie spiele kunstfertiger und flüssiger. Bis auf wenige Ausnahmen, zu denen Nannerl gehörte, konnte man Pianistinnen aber nur im privaten Rahmen bewundern. Denn bevor das 20. Jahrhundert anbrach, mit all seinen Unterhaltungsmedien, erwartete man von Frauen, dass sie mit ihrem Gesang und ihrem Spiel das tägliche Leben ihrer Ehemänner versüßen und allenfalls bei geselligen Anlässen für Gäste musizieren. Indem sie sich auf diese Rolle vorbereiteten, entdeckten viele von ihnen in sich eine Leidenschaft für Musik und große musikalische Begabungen. Doch Fremden gegenüber durften sie ihre erworbenen Fähigkeiten höchstens bei Wohltätigkeitskonzerten demonstrieren, wo das hehre Ziel die Anwesenheit einer Dame an einem Ort rechtfertigte, der ansonsten überaus unziemlich war – nämlich in der Öffentlichkeit. Die Mädchen und erwachsenen Frauen, die wir auf

Einleitung

den Gemälden von Steen, Vermeer oder Fragonard bewundern können, spielten also für sich selbst, für die Familie und für Freunde. Maria Szymanowska hingegen bestieg die Bühne, um so wie ein Mann Applaus einzuheimsen, Befriedigung über einen Erfolg zu genießen und bei dieser Gelegenheit auch Geld zu verdienen – wodurch sie Selbstständigkeit erlangte und mit ihren Kindern dort leben konnte, wo sie und nicht deren Vater es wollte.

Maria Szymanowska entschloss sich zu diesem Schritt, obwohl sie weder die Tochter noch die Gattin eines Musikers war, was zu Beginn des 19. Jahrhunderts geradezu unerhört war. Ihre wenigen Vorgängerinnen stammten fast ausnahmslos aus dem Musikmilieu, wie das auch bei Fräulein Mozart der Fall gewesen war. Dazu kam, dass sie diesen Schritt im erwachsenen Alter wagte. Zuvor waren in den Konzertsälen »Wundermädchen« aufgetreten, doch kaum traten sie in den heiligen Stand der Ehe, war ihrer Karriere in der Regel ein Ende gesetzt.

Maria Szymanowska durchbrach außerdem eine Konvention, die in ihren Kreisen galt, wo die Vorbestimmung einer Frau ihre Familie war, während die Pflicht des Gelderwerbs auf dem Ehemann ruhte. Als sie bereits in die Reihe der Virtuosen aufgestiegen war, verhielt sie sich auch in anderer Hinsicht ungewöhnlich. Eigentlich konzertierte man damals nämlich in den Städten Mitteleuropas, also in Paris, Brüssel, London, vielleicht auch noch in Moskau oder Sankt Petersburg. Aber Maria Szymanowska? Sie ergänzte diese Adressen um die Apenninenhalbinsel, bis hinunter nach Neapel. Warum? Nun, sie ließ sich offensichtlich durch einen Wunsch leiten, der den »Tastenlöwen« der Zeit fremd war: Sie wollte sich nicht nur der Welt als hervorragende Pianistin zeigen, sondern diese Welt auch mit eigenen Augen sehen, vor allem jenen Teil, der damals bereits eine große touristische Attraktion war.

Dieser vor zweihundert Jahren absolut ungewöhnliche Lebensentwurf hatte Erfolg, denn Maria Szymanowska bereitete ihn sorgsam vor und setzte ihn mit viel Gespür für die Erwartungen derjenigen Kreise ins Werk, um deren Anerkennung sie zu kämpfen beschlossen hatte. In den Augen Mickiewiczs und seiner Zeitgenossen war sie eine »Königin der Töne«. Aus der Perspektive des 21. Jahrhunderts erscheint sie hingegen als eine Managerin mit virtuosen Kenntnissen in Sachen Öffentlichkeitsarbeit, die ihr Kontaktnetz meisterlich knüpfte und nutzte, wodurch sie

Einleitung

ihre spektakuläre, wenn auch kurze Karriere erfolgreich planen konnte. Diese Leistung ermöglichte es ihr zudem, ihre engsten Angehörigen zu unterstützen – wobei ihre Familie ebenso untypisch war. Denn sie war in einer Familie aufgewachsen, die der vorgefundenen Gesellschaftsordnung schon früher den Fehdehandschuh hingeworfen hatte, indem sie sich dem entgegenstellte, was das größte Bindeglied der Gemeinschaft war: der Religion.

Als der Urgroßvater der »Königin der Töne«, Elisza Szor, das für die damalige Zeit hohe Alter von 67 Jahren erreicht hatte, schloss er sich dem jüdischen Sektengründer Jakub Frank an. Er reiste mit ihm durch Europa und verkündete Ansichten, die vom Gesichtspunkt des traditionellen jüdischen Glaubens Häresien waren. Dies spielte sich im Jahre 1755 ab. Ein Vierteljahrtausend musste vergehen, bis die Schriftstellerin Olga Tokarczuk an ihn erinnerte, vielmehr ihn aus Worten neu erschuf und Franks Leben ebenso schilderte wie das Schicksal derer, die ihm folgten. Tokarczuk vergaß in den *Jakobsbüchern* dabei auch nicht Szors berühmte Urenkelin, auf die sie in ihrem großen Roman zu sprechen kommt. 1759 ließen sich vier Söhne von Szor so wie Frank und eine beträchtliche Zahl seiner Anhänger in der Kathedrale von Lemberg taufen. Sie nahmen typisch polnische Vornamen und Nachnamen an, weshalb aus dem Großvater der Pianistin, Szlomo Szor, Franciszek Łukasz Wołowski wurde, denn das hebräische Wort *schor* bedeutet Ochse – und das polnische Wort für Ochse heißt *wół*. »(...) jeder dritte männliche Getaufte will ein Franciszek werden«, heißt es in den Jakobsbüchern. »Die Täuflinge wählen diesen Namen, da er ein wenig dem Namen ihres Anführers ähnelt, Jakob Frank.«[1] Die Familie Szor-Wołowski war groß, weshalb man zum Leidwesen späterer Historiker in Quellen aus dieser Zeit immer wieder auf verschiedene »Franciszek Wołowski« stößt. Einer von ihnen ist der Vater von Maria Szymanowska.

Die Wołowskis assimilierten sich rasch und mit Erfolg. In der ersten und zweiten Generation reüssierten sie wirtschaftlich und stiegen in die Kreise der wohlhabenden Warschauer Bürger auf. Der *Przewodnik po Warszawie za rok 1826* (Führer durch Warschau für das Jahr 1826) nennt sechs

---

1 Olga Tokarczuk: Die Jakobsbücher. Aus dem Polnischen von Lisa Palmes und Lothar Quinkenstein, Zürich 2019, S. 530.

Einleitung

Brauer mit Namen Wołowski sowie einen Besitzer einer Gastwirtschaft an der ulica Królewska. In einer 150 Jahre später veröffentlichten Monographie über die Frankisten liest man von weiteren Erfolgen der Familie: »Die Familie Wolowski ist wohl die prominenteste aller Frankistenfamilien. Sie war eine alte, galizische Gelehrtenfamilie, die sich von Rabbi Salman Schor, einem rabbinischen Klassiker herleitete, und der tüchtige Talmud- und Kabbalagelehrte angehörten«.[2] Es ist deshalb nicht verwunderlich, dass die dritte Generation, die – wie es sich für die Nachfahren eines bedeutenden Rabbiners gehörte – sorgfältig ausgebildet war, bedeutende Juristen, Politiker, Ärzte, Militärs sowie die Protagonistin dieses Buches hervorbrachte.

Ohne allzu tief in das »Labyrinth« der unterschiedlichen Wołowskis und Franciszeks einzudringen, sollen kurz zwei Linien unterschieden werden, nämlich jene, von der die Eltern von Maria Szymanowska abstammten und die beide in Warschau ansässig waren. Die erste hatte der Bierbrauer Franciszek Łukasz Wołowski (1732–1812) gegründet, einer der erwähnten Söhne von Elisza Szor, der eine Marianna Lanckorońska heiratete (auch dieser Name kommt immer wieder vor, da ihn jene Frankisten angenommen hatten, die aus dem südpolnischen Städtchen Lanckorona stammten). Die zweite Linie wurde von dem Kaufmann Franciszek Wołowski begründet, der eine Teresa heiratete, ebenfalls eine geborene Lanckorońska. Ihre älteste Tochter Barbara (1768–1835) heiratete den Sohn des Brauers, einen weiteren Franciszek (1758–1839). Und diese beiden schenkten der »Königin der Töne« das Leben, wodurch ein neues Kapitel in der Musikgeschichte begann.

---

2 Erwin K. J. Hilburg, Jakob Frank, die Frankisten und ihre Nachkommen. In: Emuna-Israelforum (Sonderdruck), Jahrgang 1977, S. 2–19, hier S. 15. Zit. nach Doris Bischler: »Ein weiblicher Hummel mit der leichten polnischen Fazilität«. Konzertreisen und kompositorisches Werk der Klaviervirtuosin Maria Agata Szymanowska (1789–1831). Berlin 2017, S. 13 f.

Fräulein Wołowska

Barbara und Franciszek Wołowski hatten sich 1784 kennengelernt und kurz darauf geheiratet. Der damals 26 Jahre alte Franciszek war seinerzeit schon Witwer, hatte allerdings noch keine Kinder. In seiner neuen Ehe sollte er fünf Söhne und genauso viele Töchter bekommen. Als erster kam Jan Ignacy (ca. 1786–1844) zur Welt, der im Erwachsenenalter zunächst als Offizier und später als ziviler Staatsbeamter Karriere machte. Ein Jahr später folgte Julia (1787–1873). Da sie in ihrer Kindheit wegen einer Pockenerkrankung das Augenlicht verloren hatte, verbrachte sie ihr ganzes Leben im Schoß der Familie. Joanna (1788–1871) heiratete als Erwachsene den Brauer Michał Brzeziński. Und auch die weiteren Kinder folgten im jährlichen Abstand: 1789 erblickte ein weiteres von ihnen das Licht der Welt, die dritte Tochter, und zwar am 14. Dezember. Getauft wurde sie am 22. Dezember auf die Namen Marianna Agata. Als Taufpaten hatten die Eltern Agata Grabowska, die gleich den Wołowskis von Frankisten abstammte, sowie Antoni Janczewski aus dem alten polnischen Adel gewinnen können. Die engste Familie nannte das Mädchen Marynia, offiziell verwendete sie den Namen Maria. Danach wurde die Familie Wołowski noch ergänzt durch eine Tochter Teresa (1790–1862) sowie den zweiten Sohn Karol (1791–1863). Mit größerem zeitlichem Abstand folgten noch vier jüngere Geschwister: Stanisław (1796–1847), Aleksander Andrzej (1799–1873), Kazimiera (?–1885) und Teodor (?–1868).
Im Zentrum von Warschau, eine Viertelstunde Fußweg von der charakteristischen Silhouette des Kulturpalastes entfernt, sieht man an der ulica Grzybowska 46 bis heute Spuren des Hauses, in dem die zehn Wołowski-Kinder aufwuchsen. Denn hier hatte Franciszek 1805 einen ansehnlichen Besitz erworben. Er maß fast 19 000 qm und befand sich über 80 Jahre lang im Familienbesitz. Später wechselte er mehrfach seinen Besitzer und lag während des Kriegs innerhalb des Ghettos, bis das Gebäude 1944 niederbrannte. Noch aus der Zeit der Erstbesitzer stamm-

te im rückwärtigen Teil des Grundstücks in einem großen Innenhof eine Brauerei mit einer Fabrikhalle – sie sicherte den Lebensunterhalt. Im ersten Stock des Wohnhauses befand sich der Salon, in dem Maria ihre ersten Konzerte gab.

> Ein hübsches kleines Mädchen spielt auf dem Spinett. In dem großen, gemauerten Haus in Warschau, das Franciszek und Barbara Wołowski jüngst erst errichten ließen an der Ecke Grzybowska- und Waliców-Straße, finden Konzerte statt. Häufig kommen Freunde der Familie zu Besuch, die sich in den Gästezimmern einrichten. Mit seiner ruhigen und beherrschten Art bittet Franciszek in den Salon, in dem gewöhnlich konzertiert wird, heute jedoch steht das Spinett im Zimmer nebenan, denn die kleine Künstlerin hat kolossales Lampenfieber, vor so großem Publikum könnte sie nicht spielen. So klingt die Musik, die ihre Finger dem Instrument entlocken, durch die geöffnete Tür in den Salon. Reglos gebannt sitzen die Zuhörer, scheuen sich, einen tieferen Atemzug zu tun, so schön sind diese Klänge. Haydn – die Noten wurden aus Offenbach gebracht, aus dem Geschäft des Herrn André. Einen ganzen Monat lang hat die kleine Marynia geübt. Ihr Lehrer, ein Mann im mittleren Alter und von etwas feurigem Temperament, ist ebenso aufgeregt wie die kleine Virtuosin. Vor dem Konzert verkündete er, er sehe sich außerstande, ihr noch etwas beizubringen. Die Szymanowskis sind hier, die Dembowskis, die Łabęckis. Herr Elsner, der der kleinen Marynia ebenfalls Unterricht erteilt hat. Ein Gast aus Frankreich, Ferdinando Paër, der den Eltern zuredet, dieses Talent gewissenhaft polieren zu lassen.[1]

Soweit Olga Tokarczuk in ihren *Jakobsbüchern*. Und wie sieht es mit den Fakten aus? Die Protagonistin dieser Szene plagte sich ihr ganzes Leben mit dem Lampenfieber ab, was sie selbst mehrfach erwähnte. Sie dürfte eine der drei Sonaten gespielt haben, die das Verlagshaus André als »Œuvre 86« von Joseph Haydn herausgebracht hatte. Paër traf jedoch erst dann in Polen ein, als das »hübsche kleine Mädchen« zu einem attraktiven Backfisch herangereift war. Und Elsner unterrichtete Fräulein aus gutem

---

1 Tokarczuk, Jakobsbücher, S. 33.

Hause zwar im Klavierspiel, doch gibt es keine Hinweise darauf, dass er dies auch bei den Wołowskis tat. Dennoch, die Szene ist reizend, und ein literarisches Werk braucht nicht alle Bedingungen einer geschichtswissenschaftlichen Abhandlung zu erfüllen.

Die Welt, in der Fräulein Wołowska groß wurde, erlebte immer wieder Erschütterungen. Marynias Geburtsjahr fiel mit dem Ausbruch der französischen Revolution zusammen. Sie war vier Jahre alt, als es zur zweiten Teilung Polens kam. Die dritte Teilung, aufgrund derer Warschau Teil von Preußen wurde, vollzog sich vor ihrem sechsten Geburtstag. Wie unruhig die Zeiten waren, zeigt am besten die Demographie. Marynia war in einer rund 100 000 Einwohner zählenden Stadt zur Welt gekommen, doch der Verlust der Unabhängigkeit und dann das blutige Ende des Kościuszko-Aufstands ließen die Zahl der Warschauer mindestens um ein Drittel sinken. Dies hatte Auswirkungen auf das Wirtschaftsleben und dadurch auch auf die Kultur. Das Nationaltheater, die wichtigste Bühne der einstigen Hauptstadt eines riesigen Landes, des polnisch-litauischen Reichs, stellte nach dem Ausbruch des Aufstands seinen Betrieb ein. Wenn man die zeitgenössische Presse durchblättert, so sieht man, wie die Zahl der Konzertankündigungen immer weiter abnahm. Dafür gab es immer häufiger Anzeigen, in denen Musikinstrumente und Noten zum Verkauf angeboten wurden, auch Musiklehrer inserierten vermehrt. Denn die musikalische Kunst wurde nach wie vor gepflegt, wenn auch hauptsächlich privat, in den eigenen vier Wänden. Die meisten Einwohner verarmten, nur wenigen ging es besser. Zu diesen gehörten die Wołowskis, denn als die Preußen eine hohe Weinsteuer einführten, stieg der Bierkonsum, was ihrer Brauerei zugutekam. Deshalb konnten sie sich ein gesellschaftliches Leben erlauben und ihren Kindern eine gute Ausbildung ermöglichen.

Franciszek Wołowski hatte einen adligen Namen angenommen und damit sowohl die Sitten als auch die Kleidung dieses Standes. Seine Ambitionen waren aber eher großbürgerlich. Die Söhne schickte er auf gute Schulen, den Töchtern ließ er Sprachen und Etikette beibringen, wie sie bei geselligen Kontakten unabdinglich waren. Es galt etwa, einige Arten der Verbeugung zu erlernen, denn jede Person musste je nach ihrer Geburt und ihrer Würde angemessen begrüßt werden. Große Bedeutung wurde dem Gesang und dem Klavierspiel beigemessen. Dadurch sollten sich die Mädchen in Gesellschaft zeigen können, was keine geringe Bedeutung bei der »Jagd nach einem Bräutigam« hatte, worauf all diese Anstrengungen schließlich hinausliefen. Und so wurde mit dem Musikunterricht für die 8- oder 9-jährige Marynia ein gewisser Antoni Lisowski betraut. Nach etwa zwei Jahren stellte er seine Bemühungen ein, woraufhin ein uns ebenfalls nicht näher bekannter Tomasz Gremm vier Jahre lang die Fähigkeiten des heranwachsenden Mädchens weiter entwickelte. Ähnlich wurden auch die anderen Töchter erzogen, und so stand später die jüngste Schwester Kazimiera ebenfalls im Ruf, eine gute Pianistin zu sein.

Die preußische Verwaltung hatte eine gewisse Stabilität und Ordnung eingeführt: »die Pracht verschwand, [dafür] widmete sich alles Industrie und Arbeit und es kam zu einem sparsamen, jedoch bequemen Leben«.[2] 1799, als Marynia Wołowska 10 Jahre alt war, nahm das Nationaltheater seinen Betrieb wieder auf, als Wojciech Bogusławski aus Lemberg nach Warschau zurückkehrte und den Musiker Józef Elsner mitbrachte. Eine Gesellschaft der Musikfreunde wurde gegründet. »Ein preußischer Beamter, ein öffentlicher Inquisitor und Oberfiskal mit Namen Mosqua, hatte den glücklichen Einfall, unter dem Namen Harmonie abendliche Vergnügungen im Mniszek-Palast in der ulica Senatorska zu begründen, welche durch von Liebhabern aufgeführte Musik verschönert wurden (…). Es gab hier alle Sorten von Musik, etwa Oratorien, Symphonien, Quartette, Trios, verschiedene Sonaten, sogar Gesang etc.«[3] Der Mniszek-Palast gehörte zu den schönsten Residenzen Warschaus. 1773 war vor ihm eine Figur des heiligen Johann Nepomuk aufgestellt worden, der vor Hochwasser schützen sollte, auch wenn der Schutzheilige der Feuerwehrleute, der heilige Florian, angemessener gewesen wäre, denn 1805 brannte ein Teil des Gebäudes nieder. Friedrich Wilhelm Mosqua beaufsichtigte nun die Wiederherstellung des Gebäudes in einem modernen, klassizistischen Stil. Während des Umbaus wurde ein Konzertsaal eingerichtet, und hier nahm, am 3. August 1806, am Namenstag des preußischen Königs, die Harmonie-Gesellschaft ihre Tätigkeit auf. Auf diesen Anlass bezieht sich auch eine Erwähnung der künftigen bedeutenden Pianistin,

---

2 Franciszek Sobieszczański: Rys historyczno-statystyczny wzrostu i stanu miasta Warszawy od najdawniejszych czasów aż do 1847 roku, Warszawa 1848, S. 162 f.
3 Ebenda, S. 177.

und wenn man sie liest, so könnte man meinen, ihre öffentliche Karriere habe mit einem kampflosen Sieg begonnen.

Größte Zierde des Konzertsaals sollte ein neuer Flügel sein, den man vom Pariser Fabrikanten Érard gekauft hatte. An der Transaktion war Elsner beteiligt, der auch das Warschauer Debüt dieses Instruments in seinem *Sumariusz* beschrieb:

> Er gefiel außerordentlich und allgemein, sein Ton ebenso, da er klangvoll und stattlich ist (…). Nur war der Anschlag der Klaviatur aufgrund seiner Härte nicht ganz nach dem Geschmack der Damen, weshalb keine von ihnen ihre Kunst an diesem Instrument demonstrieren wollte, sogar die [heute] berühmte Szymanowska nicht, und erst das mit ihr um den Vorrang konkurrierende Fräulein Wołowska, heute Gattin des in Paris lebenden Rechtsanwalts Franciszek Wołowski, führte auf ihm zum großen Gefallen der Zuhörer das *Konzert in E-Dur* von [Daniel] Steibelt auf.[4]

Nun waren in dieser Zeit in den Warschauer Salons tatsächlich viel leichtere Flügel mit Wiener Mechanik verbreitet, die deshalb aber auch leiser waren, also schlechter in einen großen Saal passten. Elsner schrieb seinen *Sumariusz* jedoch viele Jahre später, also aus der Perspektive seiner langen Erfahrungen und mit natürlichen Gedächtnislücken. Vielleicht war also der wirkliche Grund für die Kapitulation der 16-Jährigen, die vor einem großen Publikum auftreten sollte, nicht so sehr die Neuartigkeit des Instruments, sondern ihr Lampenfieber? Ein Gefühl, das also nicht nur der Phantasie von Olga Tokarczuk entsprungen sein könnte…

Drei Monate nach diesem denkwürdigen Konzert rückten die Truppen Napoleons in Warschau ein und Mitte Dezember erschien der Kaiser höchstpersönlich. Damit begann die »französische« Episode in der Geschichte der Stadt. Am 3. Mai 1807, bei der Fahnenweihe der neugeschaffenen polnischen Armee, legte der älteste Wołowski-Sohn, der 21-Jährige Jan Ignacy, seinen Eid ab. Und am Abend desselben Tages zählte seine Schwester zu den Geladenen eines großen Balls, der aus diesem Anlass gegeben wurde. Für die 18-Jährige war dies ein so großes Erlebnis, dass sie

---

4 Józef Elsner: Sumariusz moich utworów muzycznych, bearb. v. Alina Nowak-Romanowicz, Kraków 1957, S. 124.

Fräulein Wołowska

noch nach vielen Jahren über den Ablauf und die anwesenden Personen erzählen konnte. Doch die Euphorie ließ rasch nach, da die riesige Armee den Haushalt des Herzogtums Warschau ruinierte und einzelne Soldaten das Alltagsleben seiner Bürger beeinträchtigten. Sie wurden nämlich in Privathäusern einquartiert, wohin sie – wie Sobieszczański schreibt – »statt liebenswürdiger Höflichkeit Grobheit und Randale« mitbrachten.[5] Auch der Flügel aus der Ressource fiel der französischen Präsenz zum Opfer, denn zunächst wurde er in Napoleons Gemächer gebracht und anschließend dem auch in den *Jakobsbüchern* erwähnten Paër zur Verfügung gestellt, der zusammen mit dem Kaiser eingetroffen war.

Damals kam der 27-jährige Friedrich von Müller aus Weimar nach Warschau. Denn als Napoleon das Herzogtum Warschau ins Leben rief, hatte er den König von Sachsen zum formalen Herrscher dieses Staates ernannt. Ein sächsischer Diplomat erinnerte sich: »November 1806 bis Juli 1807 (…) Eines Abends führte der Baron Dalberg eine noch ganz junge liebenswürdige Polin, Marie Wotowska [sic!], bei Herrn Talleyrand ein, die schon damals durch ihr ausgezeichnetes Klavierspiel die ganze Gesellschaft zur Bewunderung hinriß.«[6]

Fräulein Wołowska trat außerhalb des heimatlichen Salons natürlich mit Einverständnis ihrer Eltern auf, doch auch so war dies für die damalige Zeit durchaus unüblich. Auf der einen Seite klingt in diesen Erinnerungen also ein Zeugnis für die außerordentlichen Talente des musikalischen Teenagers an, und auf der anderen Seite erkennt man, wie offen die Wołowskis für Situationen waren, die ihrer Tochter den Weg in die weite Welt bahnen konnten.

Im April 1809 brach der Krieg gegen Österreich aus. Für seinen Mut in den Schlachten bei Raszyn, Grochów und Sandomir wurde Jan Ignacy in den Rang eines Hauptmanns befördert. Derweil wurde der unglückliche Flügel, an dem seine Schwester drei Jahre zuvor nicht hatte spielen wollen, weiterhin von einem Ort zum anderen gebracht. Er war immer noch nicht abbezahlt und bereitete Elsner schlaflose Nächte. Und so schrieb dieser einen neuen Brief in dieser Angelegenheit an Érard, wobei

---

5   Sobieszczański, Rys, S. 211.
6   Friedrich von Müller: Erinnerungen aus den Kriegszeiten von 1806 bis 1813. Braunschweig 1851, S. 137.

er sich den Umstand zunutze machte, dass »der Referendar Wołowski« nach Paris reiste, vermutlich ein anderer Franciszek, nämlich ein Cousin der Pianistin. Später, nach dem Einmarsch der Russen, bat Elsner Graf Nowosilzew darum, »Érard zufriedenzustellen«, denn – wie er im *Sumariusz* darlegte, »er schien mir ein großer Musikfreund zu sein, da wir uns fast jeden Tag bei Frau Szymanowska sahen«.[7] Denn in der Zwischenzeit hatte Fräulein Wołowska ihren Familienstand gewechselt und war zu Frau Szymanowska geworden.

---

[7] Elsner, Sumariusz, S. 127.

Frau Szymanowska

Am 21. Juni 1810 um 15 Uhr ehelichte im Standesamt der Gemeinde V der Hauptstadt Warschau Marianna Agata Wołowska den Józef Teofil Franciszek Szymanowski (die Ehe wurde sicherlich auch kirchlich geschlossen, doch hierüber ist nichts Näheres bekannt). Józef Szymanowski handelte wie sein Vater mit Tabak und Schnupftabak. Beide Eheleute stammten aus den Frankistenkreisen und waren außerdem Cousin und Cousine, da der Brautvater und die Mutter des Bräutigams, Agata Wołowska, Geschwister waren. Das junge Paar bezog ein eigenes Haus in der ulica Bielańska, unweit der ulica Waliców. Und genauso wie zuvor bei den Wołowskis stellten sich die Nachkommen im Jahresrhythmus ein. Am 24. Mai 1811 wurden die Zwillinge Helena und Romuald geboren, am 16. Juli des folgenden Jahres die Tochter Celina und am 1. August 1813 der Sohn Aleksy Karol, der jedoch als einziger die Kindheit nicht überlebte und mit knapp zwei Jahren starb. Damit endete das eheliche Zusammenleben der Szymanowskis vermutlich.

Als sie Frau Szymanowska wurde, legte die junge Gattin ein Stammbuch an, eine damals modische Form, um gesellige Kontakte zu dokumentieren. Als erste trugen sich hier Musiker ein, die auf dem Weg nach Moskau und Sankt Petersburg Zwischenhalt in Warschau machten – oder umgekehrt, wie etwa im Falle des Geigers und Komponisten Giovanni Battista Polledra. Nach fünf Jahren Aufenthalt in Russland kehrte dieser italienische Virtuose nach Europa zurück und verewigte sich im November 1810 mit dem *Adagio* aus seinem *Violinkonzert* im Stammbuch, wobei er hinzufügte: »am[m]iratore del raro talento di Mad^{ma} Szymanowsk[a]« (»ein Bewunderer des seltenen Talents von Madame Szymanowska«).[1] Ein Jahr später schrieb auf dem Weg von Sankt Petersburg nach Paris der Dresdener Komponist und Organist August Klengel eine *Romance* ins

---

1 Alle Einträge im Stammbuch zitiert nach: Album Musical Marii Szymanowskiej / de Maria Szymanowska. Kraków 1999. Hier S. 207.

Frau Szymanowska

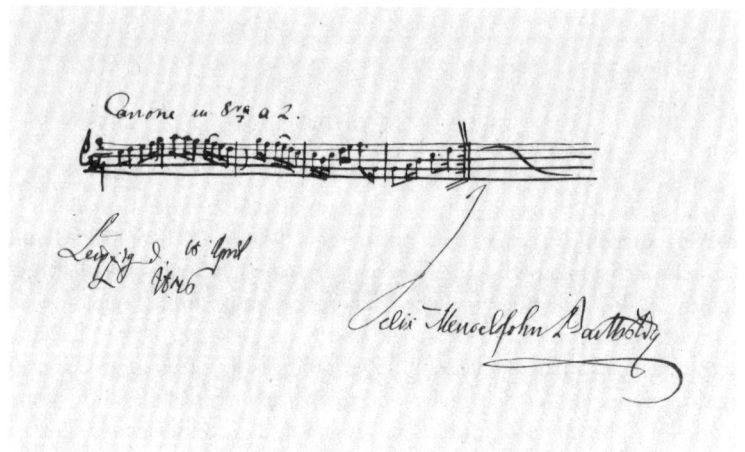

Abb. 1: Eintrag von Felix Mendelssohn-Bartholdy
im Stammbuch von Maria Szymanowska.
Quelle: Maria Szymanowska, 1789–1831, album: Materialy biograficzne, sztambuchy, wybór kompozycji. Hrsg. von Józef Mirski und Maria Mirska, ergänzt von Władysław Hordyński. Kraków 1953.

Stammbuch, »Composée pour Madame Szymanowska, en témoignage de reconnaissance et de vénération pour son talent distingué« (»Komponiert für Madame Szymanowska, als Zeugnis für meine Anerkennung und in Verehrung für ihr vornehmes Talent«).[2] Den Namen Klengel gilt es sich übrigens zu merken, denn seine Werke, darunter ein Klavierkonzert, führte Maria Szymanowska in späteren Jahren vielfach auf.
Vor Polledras Eintrag waren schon zwei andere Werke ins Stammbuch geraten. Im Oktober 1810 schrieb Luigi Cherubini eine umfangreiche, 182 Takte zählende *Fantasie C-Dur* hinein und versah sie mit einer Widmung, die eine für die französische Sprache typische Höflichkeitsgirlande enthielt: »Fantasie di L[uigi] Cherubini, dédiée à Mademoiselle Wolowska par l'auteur, en signe de reconnaissa[nce,] d'estime, de respect, et de dévouement.« (»Fantasie von L[uigi] Cherubini, gewidmet Mademoiselle

2 Ebenda, S. 293.

Wolowska vom Verfasser und zum Zeichen der Anerkennung, der Hochachtung, der Ehrerbietung und der Ergebenheit.«)³ Ein kürzeres, mit einer perlenden Kadenz endendes *Prélude* schrieb am 15. Oktober 1810 Johann Ladislaus Dussek in Versailles ins Stammbuch der Szymanowska, »en signe du désir que j'ai de connaître son aimable personne, et d'admirer ses talents« (»zum Zeichen des Wunsches, ihre freundliche Person kennenzulernen und ihre Talente zu bewundern«).⁴ Aufgrund dieser beiden Einträge hat man später gemutmaßt, dass die Besitzerin des Stammbuchs 1810 Paris besuchte (während Elsners *Sumariusz* nahelegt, dass damals der »Referendar Wołowski« in Paris gewesen sein dürfte). Ähnlich wurde vermutet, dass Maria Szymanowska sich 1815 in Wien aufgehalten und 1818 London und möglicherweise wieder Wien besucht habe. Auf diesen letzten Wiener Aufenthalt deuten die Einträge von drei Komponisten hin, die damals in dieser Stadt aktiv waren, nämlich Antonio Salieri, Joseph Mayseder und Peter Hänsel. Das Aufkommen der Postkutschen hatte das Reisen revolutioniert, denn sie fuhren zu bestimmten Uhrzeiten ab und verbanden so wie heute Eisenbahnen und Busse die größten Städte Europas miteinander. Dennoch ist es kaum vorstellbar, dass solche für die damalige Zeit so ungewöhnliche Reisen, vor allem durch eine junge Frau, keine sonstigen Spuren hinterlassen haben, etwa in Form von Briefen, zumal spätere Reisen durch Dutzende, von der Familie sorgsam aufbewahrte Korrespondenzen dokumentiert sind. Bekannt ist allerdings, dass Maria Szymanowska viele Einträge durch die Vermittlung anderer Personen erworben hat. Und so muss man die angebliche Anerkennung, mit der ihr Klavierspiel damals in einigen europäischen Hauptstädten aufgenommen worden sein soll, ins Reich der Legenden abtun.
Ferdinando Paër, der seit 1812 die italienische Oper in Paris leitete, verewigte sich im Stammbuch mit einem Lied nach Worten von Pietro Metastasio *Mi oben ricordati* – ein Text, zu dem damals häufig Musik entstand und der heute vor allem deshalb noch bekannt ist, weil Franz Schubert ihn vertont hat. Paër versah seinen Eintrag nicht mit Datum und Ort, sondern nur mit einer Höflichkeitsformel »In attestato di vera stima,

---

3 Ebenda, S. 220.
4 Ebenda, S. 223.

Frau Szymanowska

ed amicizia« (»Als Beweis für große Hochachtung und Freundschaft«)[5], der er eine Widmung voranstellte, die »nach dem Gehör« aufgeschrieben wurde, denn der Name der Widmungsträgerin ist hier phonetisch wiedergegeben: »A Madame Marie née Voloufska«. Gaspare Spontini, der nie in Warschau war, trug sich ebenfalls mit einer Vokal-Miniatur in das Stammbuch ein und widmete sie der korrekt geschriebenen »Madame Wolowska«. Das Stammbuch muss einigen Eindruck gemacht haben, da sich schon nach wenigen Jahren, am 1. Juli 1816, der Komponist Karol Kurpiński hier zu folgenden Worten veranlasst sah: »Wenn Cherubini, Spontini, Paër, Dussek und so viele andere Großen Meister einem solch großen Talent die gebührende Huldigung erwiesen haben – da kann Kurpiński nur ihr Nachahmer sein.« Seine »Huldigung« brachte Kurpiński in Form einer Miniatur im seltenen Metrum 8/4 dar, die er vier Jahre später als *Fantazja* veröffentlichte und der er den programmatischen Titel *Der Augenblick eines schrecklichen Traums* gab.

Die Musikwissenschaftlerin Renata Suchowiejko, die Szymanowskas Stammbuch herausgegeben hat, beschreibt, wie es entstanden ist: »Die Stammbuchblätter erhielt [Szymanowska] persönlich oder durch Vermittler ausgehändigt. (…) Das Papier im Stammbuch ist von unterschiedlicher Art, nur ein Teil stammt von einem ›Ries‹. Gebunden wurde es erst am Ende, als alle Autographen beisammen waren.«[6] Der Hinweis auf die »Vermittler« scheint zentral, um die Unklarheiten zu erläutern, welche die Legende von den europäischen Reisen des Fräuleins Wołowska entstehen ließen. Und auch ein Hinweis von Franz Xaver Mozart ist aufschlussreich. Er hielt sich im Sommer 1819 in Warschau auf und wollte die Szymanowska persönlich kennenlernen. Er schrieb ihr ein Lied ins Stammbuch und sie revanchierte sich mit einem Walzer, der für sein eigenes Stammbuch gedacht war. Doch später schrieb Mozart junior in sein Tagebuch, dass Maria Szymanowski ihn und viele andere Komponisten wie Beethoven und Salieri damit »belästige«, ihr eine Komposition mit Widmung in ihr Stammbuch zu schreiben.

Neben den Worten der Anerkennung, wie sie aus den zitierten Stammbuch-Einträgen herauszulesen ist, zeugen auch zwei Zeitungsmeldungen

---

5 Ebenda, S. 177.
6 Brief an die Verfasserin.

von der musikalischen Aktivität der jungen Ehefrau und Mutter. 1812 berichtete die ALLGEMEINE MUSIKALISCHE ZEITUNG, dass es in Warschau jetzt nur wenige »Musikal. Neuigkeiten giebt«. Denn »Das Theater ist seit einigen Monaten geschlossen« und selbst an »Privatmusiken« gäbe es nun wenig, »ob es gleich nicht an Dilettanten von vieler Fertigkeit und Kunstliebe fehlt. Unter den Klavierspielerinnen zeichnen sich aus: Die Gemalin des Dr. Wolff, Mad. Kaminska, Mad. Szymanowska, und Mad. Richter«.[7]

Zwei Jahre später hieß es in einer Korrespondenz aus Warschau hingegen:

> Den 1sten May veranstaltete die Gräfin Zamoiska, geb. Fürstin Czartoryska, vereint mit der Gräfin Alex. Potocka, ein öffentliches Konzert, um die hiesigen Spitäler zu unterstützen. Es wurde im Theater gegeben. […] Dem.[oiselle] Stamm sang eine Sopran-Arie von Portogallo und Hr. Szymanowski eine Tenor-Arie aus *Achilles* von Pär. Mad. Szymanowska, geb. Wolowska, spielte das schöne und schwere Klavier-Concert von Dussek, aus Es dur, mit einer vollkommenen Präzision und schönstem Ausdruck. Sie ist nicht nur eine der ersten Klavierspielerinnen in Warschau, sondern man kann sie überhaupt unter die wahren Virtuosen auf diesem Instrumente zählen.[8]

---

7 ALLGEMEINE MUSIKALISCHE ZEITUNG, 9.9.1812, Nr. 37, Sp. 612.
8 ALLGEMEINE MUSIKALISCHE ZEITUNG, 28.9.1814, Nr. 39, Sp. 654–655.

»Rittersaal« für polnische Mütter

Die russische Armee zog im Februar 1813 in Warschau ein, im März setzte Zar Alexander I. einen Höchsten Provisorischen Rat des Herzogtums Warschau ein. Er war bestrebt, die politischen Eliten für seinen Plan einer Wiedergeburt des polnischen Staates zu gewinnen und argumentierte, dass dies nur unter seiner Herrschaft geschehen könne. Es gab damals viele, die von der Notwendigkeit überzeugt waren, das Schicksal des Landes mit jenem Russlands zu vereinen – zu groß war die Erschöpfung durch die Aufstände und Feldzüge, die trotz zahlloser Opfer Polen nicht die Unabhängigkeit zurückgebracht hatten. Das Königreich Polen, das durch eine Personalunion und eine gemeinsame Außenpolitik mit Russland verbunden war, entstand offiziell im Mai 1815, und als im November desselben Jahres Alexander I. nach Warschau kam, begrüßten ihn die Einwohner in Massen mit dem Ausruf »Es lebe Alexander, unser König!«.

Das Königreich Polen hatte ein eigenes Zweikammerparlament, Polnisch war Amtssprache, es gab eine polnische Verwaltung und auch eine eigene Währung. Und im Land kam es zu weiteren Veränderungen. Nach 20 Jahren der fortwährenden Unruhe meinten viele, dies sei nun eine Chance, zu einem normalen Leben zurückzukehren. Auch die Familie Wołowski verspürte dies. Jan Ignacy war für seine Tapferkeit in der Schlacht an der Beresina 1812 mit dem Orden Virtuti Militari in Gold ausgezeichnet worden, später wurde er verwundet und kam in russische Kriegsgefangenschaft, die er erst 1814 wieder verlassen konnte. Er kehrte nach Warschau zurück, wo er zum Adjutanten des polnischen Armeestabs ernannt wurde, nun allerdings unter russischer Führung. Das Leben der jüngeren Brüder entwickelte sich günstig. Ihre gesellschaftliche Position und ihre materielle Situation führten dazu, dass die Wołowskis von ihrer Umgebung als Adlige angesehen wurden. Marynia verkehrte in den besten Salons und knüpfte Bekanntschaften in der Aristokratie.

Hier wurde die Erinnerung an die Vergangenheit nun auf friedliche und moderne Weise gepflegt – etwa im Salon von Maria Anna, der ehemaligen Gemahlin von Ludwig von Württemberg. Sie war die älteste Tochter von Fürstin Izabela Czartoryska, einer bedeutenden Mäzenin der Künste und Sammlerin von historischen Altertümern (sie hatte das erste polnische Museum gegründet, aus dem das heutige Czartoryski-Museum in Krakau hervorgegangen ist). Die Fürstin Maria, die selbst auch schriftstellerisch hervortrat, organisierte in einem Kreis sorgfältig ausgewählter Gäste literarische Zusammenkünfte. Ebenso wichtig war auf der kulturellen Landkarte Warschaus der Salon ihrer jüngsten Schwester Zofia, die einen Zamoyski geheiratet hatte. Maria Szymanowska verkehrte in beiden Salons, wo sie zunächst als Pianistin und später auch als Komponistin geschätzt wurde.

In dieser Zeit beherrschten Berufskomponisten vor allem den Kontrapunkt, der es ihnen ermöglichte, vielstimmige Vokalwerke zu schreiben, und brachten sich die Fähigkeit bei, für verschiedene Instrumente zu verfassen. Maria hatte auf diesem kompositorischen Gebiet jedoch keine solide Vorbereitung, weshalb sie sich auf einfache Musik beschränkte, die jedoch in Salons gerne gehört wurde. Sie verfasste Klavierminiaturen und manchmal Lieder. Man lud sie auch zu einem Vorhaben ein, das dazu dienen sollte, die Erinnerung an den alten Glanz Polens zu bewahren.

Der Gedanke reichte bis zu einem Gesetz zurück, das 1773 von der Kommission für Nationale Erziehung erlassen worden war – dabei handelte es sich aus heutiger Perspektive um das erste Bildungsministerium der Welt. In diesem Gesetz hieß es, dass die Geschichte eine moralische Wissenschaft zu sein habe, die mittels »großer Beispiele« zu erlernen sei, also mittels nachahmenswerter historischer Persönlichkeiten. Ähnlich dachten ein Jahrzehnt später die Urheber des Rittersaals im Königsschloss, als sie einen Einfall von König Stanisław August verwirklichten, der Personen verewigen wollte, die sich um das Vaterland verdient gemacht hatten. Und so entstand hier eine Art Pantheon alter Nationalhelden in Form von Gemälden und historischen Szenen, die von Marcello Bacciarelli gemalt wurden, sowie mit Büsten, die nach Entwürfen von Andrzej (André) Le Brun entstanden. 1803 schlug auf einer Sitzung der Warschauer Gesellschaft der Freunde der Wissenschaft der Prediger und Dichter Jan Paweł Woronicz vor, ein Druckwerk vorzubereiten, das zu einem für die

damalige Zeit ungewöhnlichen Lehrbuch zur Geschichte Polens werden sollte, wobei es Geist und Sinne, Augen und Ohren gleichermaßen ansprechen sollte. Zwei Jahre später präzisierte der Schriftsteller und Politiker Stanisław Staszic seine Erwartungen: Man werde kurze, mit Stichen illustrierte Gesänge brauchen, um die Nationalgeschichte vorstellen zu können. Dies solle vor allem den Leserinnen gefallen, denn es seien die Frauen, die für die Erziehung der künftigen Polen verantwortlich seien. Mit dem Verfassen der Texte, die den Kern der geplanten Veröffentlichung darstellen sollten, wurde Julian Ursyn Niemcewicz beauftragt. Dieser bedeutende Historiker und geschätzte Dichter fühlte sich in der Gesellschaft von Damen wohl, und diese bedankten sich durch eine nicht minder große Aufmerksamkeit. Und obschon damals Lehrbücher in der Regel von Männern vorgelegt wurden, kam es deshalb in diesem Fall anders. Niemcewicz suchte nämlich Mitarbeiterinnen unter den Frauen, die in den beiden erwähnten Salons verkehrten – Komponistinnen und Zeichnerinnen. Die Lieder sollten einfach und leicht sein und vor allem dazu dienen, sich den Text besser einprägen zu können. In seinem Vorwort betonte er auch, dass »die Öffentlichkeit den ganzen Vorzug und die ganze Zierde dieses Werks, die Musik und die Stiche, zu einem erheblichen Teil dem weiblichen Geschlecht zu verdanken haben wird, das so wie früher auch heute die ritterliche Jugend zu Mut und Ruhm geführt hat und das, mit uns im staatsbürgerlichen Wetteifer, seine Talente darbot, damit diese mit dem zärtlichen Zauber des Gesangs die Erinnerung an berühmte Krieger Polens zu verkünden«.[1]
In Italien, Frankreich und in Deutschland hatte es schon früher Frauen gegeben, die komponierten, sogar Bühnenwerke. In Polen traten die ersten Komponistinnen während der Vorbereitung zu dieser Publikation in Erscheinung. Die meisten von ihnen hatten ihre ersten Erfahrungen auf diesem Gebiet am Hof der bereits erwähnten Izabela Czartoryska in Puławy (unweit Lublin an der Weichsel) erworben, wo sie vom Kapellmeister Wincenty Lessel in den Grundlagen der Harmonielehre unterwiesen wurden. Als sie die Prinzipien erlernt hatten, wie man Akkorde zusammenstellt, begannen sie Tänze sowie Untermalungen zu den damals modisch werdenden »lebendigen Bildern« zu schreiben – natürlich

---

1 Julian Ursyn Niemcewicz: Śpiewy historyczne. Warszawa 1816, S. 20 f.

nur für Klavier alleine (manchmal bearbeitete sie Lessel später für ein Instrumentalensemble). Als die Damen aus Puławy nach Warschau zogen, schloss sich Maria Szymanowska ihrem Kreis an. Man lud sie also ein, an der Veröffentlichung mitzuwirken, die unter Niemcewiczs Anleitung entstand und den Titel *Śpiewy historyczne* (Historische Gesänge) tragen sollte – die Geburtsstunde des weiblichen Komponierens in Polen.
Die Gedichte und Lieder über Könige, Militärführer und Ritter – insgesamt 33 Personen – wurden begleitet durch ausführliche historische Kommentare aus der Feder von Niemcewicz, in denen die in den Gedichten besungenen Personen und Ereignisse beschrieben werden. Illustriert wurden sie mit Stichen, die an die im Rittersaal des Königsschlosses ausgestellten Porträts und Bronzebüsten berühmter Polen erinnerten. Der Gedanke war aus didaktischer Sicht hervorragend. Hervorzuheben ist auch das Marketing der *Historischen Gesänge*, da viele zeitgenössische Prominente und vor allem weibliche Stars der Gesellschaft eingeladen wurden, wodurch das Vorhaben eine überaus wirksame Werbung bekam (Abb. 2).
Mit den Entwürfen für einen Teil der Illustrationen, auf deren Grundlage Kupferstecher die Stiche anfertigten, wurden Damen der Warschauer High Society befasst. Die meisten Zeichnungen verfertigte Fürstin Ewa Sułkowska. Einige stammten von Laura Potocka, einer auch musikalisch begabten Gräfin, die zudem die Melodie zu dem Lied über den Piastenkönig Władysław Łokietek (Ellenlang) komponierte. Einige Komponistinnen hatten die Gelegenheit, ihre Vorfahren zu besingen, etwa Karolina Chodkiewiczowa (die eine Melodie zu dem Gedicht über Hetman Karol Chodkiewicz schrieb, der zu Beginn des 17. Jahrhunderts wichtige Schlachten schlug) und Zofia Zamoyska (der Hetman Zamoyski zugeteilt wurde, ein Ahnherr ihres Gatten aus dem ausgehenden 16. Jahrhundert). Auch zwei Liebhaber setzten Worte in Töne: Wacław Graf Rzewuski sowie Franciszek Skibicki, ein für seine literarisch-musikalischen Ambitionen bekannter Landadliger. Zu einer solch illustren Schar zu gehören (der Vollständigkeit halber sollten unter den Komponistinnen noch zwei weitere Töchter Izabela Czartoryskas genannt werden, Cecylia Beydale und Maria Wirtemberska (von Württemberg), sowie die Generalsgattin Kamieńska), war also Ausdruck für die gesellschaftliche Nobilitierung der Brauertochter. Melodien zu Niemcewiczs Gedichten

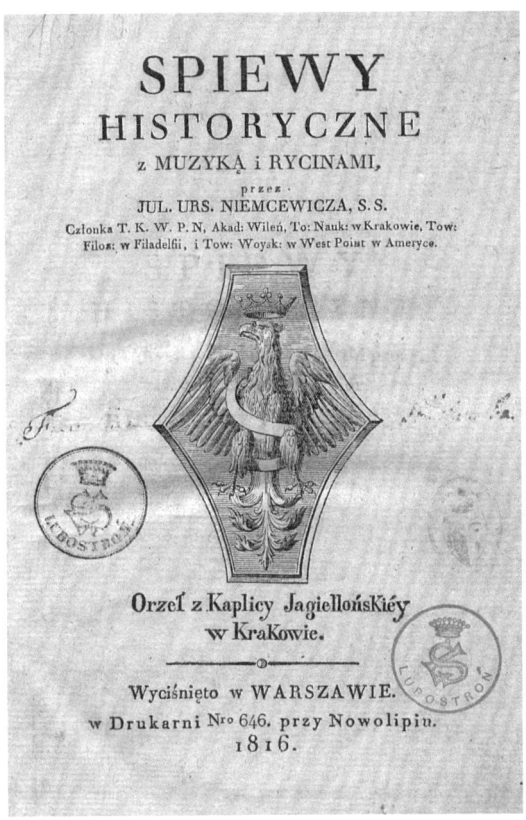

Abb. 2: Titelseite aus den *Śpiewy Historyczne*. Der vollständige Titel lautet: *Historische Gesänge mit Musik und Stichen von Jul. Urs. Niemcewicz*. Das Titelblatt zeigt einen Adler aus der Jagiellonen-Kapelle in Krakau, Symbol für die historische Kontinuität der polnischen Nation auch in Zeiten nationaler Unfreiheit.
Quelle: polona.pl.

steuerten auch drei Berufskomponisten bei: Franciszek Lessel, Karol Kurpiński und Józef Deszczyński. Sie wählten auch die Lieder aus, wobei sie das Talent von Maria Szymanowska offensichtlich erkannten, die damals noch zwischen der Welt der Liebhaber und der Profis stand.

»Rittersaal« für polnische Mütter

Abb. 3: Niemcewiczs Gedicht *Jadwiga [Hedwiga], królowa Polski* – Hedwig, Königin von Polen – in der Vertonung durch Maria Szymanowska, Teil der *Śpiewy Historyczne*. Quelle: polona.pl.

Maria Szymanowska vertonte fünf Lieder. In den *Historischen Gesängen* erschienen letztendlich drei: *Jadwiga, królowa Polski* (Hedwig, Königin von Polen, vgl. Abb. 3), *Jan Albrycht* (Johann Albrecht) sowie *Duma o Michale Glińskim* (Duma über Michał Gliński). Zwei weitere Lieder über König Kazimierz den Großen und Hetman Stefan Czarnecki blieben ungedruckt. Das erste der drei veröffentlichten Lieder wurde rasch zu einem »Salonhit«. Und das dritte wurde von Kennern gelobt, da es in der ganzen Sammlung das raffinierteste war. Eingedenk, welche Bestimmung die *Historischen Gesänge* hatten, achtete man nämlich auf leichte Melodien und Begleitungen, die jedem Interessierten zugänglich waren. Darauf passte ganz besonders Franciszek Lessel auf, der nicht weniger als zehn Melodien komponierte, von denen er eine über König Jan Kazimierz übrigens der Szymanowska ins Stammbuch schrieb und angesichts der patriotischen Absichten dieser Gesänge auf komische Weise unterzeichnete: »Di me Fr[ancesco] Lessel, Varsavia«.

Abb. 4: Maria Szymanowska im Jahre 1816. Das Porträt stammt von Zofia Woyno. Gouache und Bleistift. Quelle: cyfrowe.mnw.art.pls.

Die luxuriöse Ausgabe der *Historischen Gesänge* erschien 1816 in einer Auflage von 1500 Exemplaren. Auf der Liste der 450 Subskribenten standen zwei Wołowskis: Seweryn und Józef (der als »Vertreter des Unterpräfekten« bezeichnet wird). Die erste Auflage war innerhalb weniger Monate ausverkauft, weshalb nach zwei Jahren eine weitere und 1819 eine dritte Auflage erschienen. Adam Jerzy Czartoryski schrieb in seinem *Leben des Julian Ursyn Niemcewicz*: »Im Salon, in den Boudoirs der hübschen Damen lagen die *Gesänge* geöffnet auf zierlichen Tischlein zwischen eleganten kleinen Möbeln. Sie wurden gelesen, gesungen (…), die Fräulein lernten sie auswendig und gewannen dadurch die heimische Geschichte lieb, lernten sie kennen. (…) Niemand hätte sich erkühnt, Niemcewiczs Buch nicht zu kennen, einzugestehen, die Geschichte seines Landes nicht zu kennen.«[2] Das Ziel war also erreicht.

---

2 Żywot J. U. Niemcewicza przez X. Adama Czartoryskiego. Berlin, Poznań 1860, S. 168f. Vgl. auch die Neuauflage: Adam Jerzy Czartoryski: Żywot Juliana Ursyna Niemcewicza. Hrsg. v. Aleksander Czaja. Warszawa 2013, S. 148.

Aus diesem denkwürdigen Jahr 1816 hat sich das erste Porträt von Maria Szymanowska erhalten (Abb. 4). Es ist klein (10 x 14 cm), ist mit »Sophie« gezeichnet, was als Zofia Woyno gedeutet wird (manchmal wird auch Henri Brenner als Urheber genannt). Die Miniatur gelangte nach vielen Jahren ins Warschauer Nationalmuseum, man sieht auf ihr eine junge Frau, die nach den Erfordernissen der damaligen Mode gekleidet ist: mit einem Abendkleid und einem kunstvoll, aber zugleich einfallsreich über die Haare gelegten leichten Schal. Genauso hatte mehr als ein Jahrzehnt zuvor der englische Maler John Samuel Agar auch Zofia Zamoyska Porträt sitzen lassen, wobei er sich am Vorbild von Jean-Baptiste Isabey orientierte, des Hofmalers von Kaiserin Josephine. Der Schal war damals das wichtigste Element der Frauenkleidung und zugleich ein Symbol für einen hohen gesellschaftlichen Status. Wenn man den Eindruck der Luftigkeit, der einem aus der solcherart stilisierten Ansicht von Maria Szymanowska entgegenschlägt, in die Welt der Musik transponiert, so könnte man ihn mit den perlenden Läufen und Passagen vergleichen, wie sie für die Klavierminiaturen der Zeit typisch sind. Und genau solche spielte Maria Szymanowska – und komponierte sie auch.

Ideen für ein anderes Leben

Die ersten Jahre des Königreichs Polen waren eine Zeit dynamischer wirtschaftlicher Entwicklung; der Export nach Russland warf keine geringen Gewinne ab. Nachdem Warschau seine Hauptstadtfunktion wiedererlangt hatte, zog es Zuwanderer an (im Jahre 1820 wurden mehr als 100 000 ansässige Menschen gezählt). Neue Gebäude wurden errichtet, die Straßen wurden in Ordnung gebracht, und so konnte nach dem Verlauf eines Vierteljahrhunderts Franciszek Sobieszczański schreiben, dass die Stadt mittlerweile begonnen habe, schöner zu werden und zu wachsen.[1] In ihr entwickelte sich ein wissenschaftliches Leben, aber auch die Kultur entfaltete sich, und im Herbst 1819 wurde in den Sälen der Universität (die drei Jahre zuvor eröffnet worden war) die erste Kunstausstellung des Landes eröffnet. Eine Musikalische Liebhabergesellschaft (*Towarzystwo Amatorskie Muzyczne*) entstand. Während aber das Königreich Polen und in ihm Kultur und Kunst aufzublühen schienen, erlebte die Ehe der Szymanowskis ganz offensichtlich eine Krise.

Den Sommer 1815 verbrachten die Eheleute getrennt und Maria schrieb an ihre Eltern: »es ist schon Zeit, dass ich… an meine Rückkehr nach Warschau denke. Ksawery macht sich in der nächsten Woche, also um den Mittwoch herum, nach Warschau auf, und es wäre gut, wenn mein Mann sich mit ihm über meine bevorstehende Reise verständigen könnte«.[2] Ob diese »Reise« aber tatsächlich zustande kam, wissen wir nicht. Aus Szymanowskas Worten lässt sich lediglich schließen, dass sie, wenn sie eine Reise antreten wollte, die Hilfe ihres Cousins in Anspruch nehmen musste, denn in ihren direkten Kontakten – seien sie persönlich, seien sie brieflich – schienen die Eheleute nicht zu einer Übereinkunft

---

1 Sobieszczański, Rys, S. 224–275.
2 Brief aus Walewice, 16.8.1815. Zit. nach Maria Szymanowska, 1789–1831, album: materiały biograficzne, sztambuchy, wybór kompozycji. Zebrali i opracowali Józef i Maria Mirscy. Zredagował i uzupełnił Władysław Hordyński. Kraków 1953, S. 25.

gelangen zu können. Immerhin war das Einverständnis des Gatten für eine Reise der Ehefrau notwendig, denn so sah es das Recht damals vor. Der geltende Code Napoléon erklärte die formale Gleichheit der Bürger vor dem Gesetz, ohne Rücksicht auf gesellschaftliche Herkunft und Klassenzugehörigkeit, doch betraf dies nur die Bürger, nicht die Bürgerinnen. Wenn sie den Bund der Ehe einging, verlor eine Frau alle Rechte, was auch 60 Jahre später in der GAZETA SĄDOWA WARSZAWSKA (Warschauer Gerichtszeitung) noch so kommentiert wurde:

> Es ist schwer zu verstehen, warum eine volljährige Jungfrau, die heute fähig ist, alle Tätigkeiten des zivilen Lebens zu verrichten, dann, wenn sie sich hat trauen lassen, morgen unfähig sein sollte, ihr Vermögen zu verwalten oder zu steuern, oder warum eine verheiratete Frau, die in ihren zivilen Fähigkeiten beschränkt ist, gleich nach dem Tod ihres Mannes dazu absolut befähigt ist. Doch das Recht will es so. Eine Frau ist prinzipiell fähig, aber nicht dann, wenn sie einen Mann bekommt.[3]

Folglich konnte eine verheiratete Frau ohne Einwilligung ihres Mannes keinerlei behördliches Dokument unterschreiben, nicht eigenständig eine Arbeit aufnehmen, ja noch nicht einmal über ihr eigenes Vermögen verfügen, das während der Dauer der Ehe von ihrem Mann verwaltet wurde. Die Vorschriften verpflichteten die Frau auch dazu, mit ihrem Mann dort zu leben, wo dieser dies wünschte. Und so stand Maria Szymanowska schon bald vor der Perspektive, aus Warschau aufs Land zu ziehen. Denn 1819 pachtete Józef Szymanowski ein Gut bei Otwock, südlich von Warschau, von wo aus man zu Beginn des 19. Jahrhunderts einen ganzen Tag bis in die Hauptstadt fuhr. Hierhin wollte er also ziehen, und zwar mit seiner Familie.

Aus der bereits zitierten Zeitungsmeldung geht hervor, dass Józef Szymanowski singen konnte. Sicherlich spielte er auch Geige, denn in einem wenige Jahre später angefertigten Verzeichnis seines Vermögens werden eine Geige, eine Bratsche, eine Harfe und ein Flügel genannt, sowie hunderte von Noten mit Liedern und Werken für Violine und Klavier (von

---

3 Adolf Suligowski: Z dziedziny praw kobiety. O prawie assystencyi męża. In: GAZETA SĄDOWA WARSZAWSKA, 1881, Nr. 9, S. 73.

der musikalischen Atmosphäre im Haus Szymanowski zeugen übrigens auch die pianistischen und kompositorischen Erfolge, die Józefs jüngere Schwester Filipina, eine verheiratete Brzezińska, viele Jahre später feierte). Dennoch war für ihn, so wie für die meisten seiner Zeitgenossen, diese Beschäftigung nur eine Art des Zeitvertreibs. Seine Gemahlin hatte jedoch ganz andere Ambitionen. Stanisław Morawski, der mit ihr ein Jahrzehnt später befreundet war, beschrieb dies malerisch:

> Ihr Gatte, Herr Szymanowski, ein vermögender, aufrechter, zivilisierter und aufgeklärter Mensch, aber auch ein wahrer Ehemann und Mann, ein *mari monstre*, konnte sich überhaupt nicht auf den Ton seiner blutjungen Frau einstimmen, weshalb es im heimischen Orchester immerfort Dissonanzen gab; der leidenschaftliche Liebhaber von Landwirtschaft und Pferden wollte aus seiner Frau unbedingt eine pflichtbewusste und gute Hausfrau machen, er wollte sie nicht mit den ländlichen Reizen, sondern mit der Landwirtschaft vertraut machen, und ohne Hintergedanken ordnete er zum Beispiel, als sie im Wochenbett lag, an, ihr ein hübsches Fohlen ans Bett zu bringen, um damit seiner geliebten Frau zu imponieren. Manchmal befahl er in dieser Zeit auch, ihr direkt am Ohr zu trommeln, um die Meute zum Frühstück oder zum heimischen Mittagessen zusammenzurufen, wobei er dachte, dass sie dies wahrhaftig unterhalten, belustigen, herzlich amüsieren würde. Zu allem Unglück hatte dies völlig gegensätzliche Folgen. Derselbe Mensch lebte mit seiner zweiten Frau in gegenseitigem Glück, da sie zueinander passten.[4]

Diese oft angeführte Beschreibung kann nicht genau stimmen, denn Józef Szymanowski begann sich der Landwirtschaft zu widmen, als seine Frau nicht mehr im Wochenbett lag. Doch sie teilt den Hauptgrund der Trennung mit: die unterschiedlichen Interessen, vielleicht auch Charaktere.
Die Verfasser von Erziehungsratgebern vom Ende des 18. und Anfang des 19. Jahrhunderts empfahlen, Mädchen Gesang, das Spiel auf einem Instrument und Zeichnen beizubringen, warnten aber davor, es zuzulassen, dass eine dieser Beschäftigungen zu ihrer Leidenschaft wird. Dies

---

4 Stanisław Morawski: W Peterburku 1827–1838. Wspomnienia pustelnika i koszałki kobiałki z 18 miedziodrukami; Poznań 1927, S. 159 f.

könnte nämlich dazu führen, so hieß es, dass sie die Pflichten einer Frau und Mutter als langweilig betrachten, worunter ihre eigentliche Berufung leiden werde, nämlich Ehe und Mutterschaft. Es deutet vieles darauf hin, dass genau dies im Fall von Maria Szymanowska eingetreten ist, die schon vor 1819 von ihrem Mann getrennt gelebt haben muss, da im Sommer dieses Jahres Franz Xaver Mozart, der in Warschau konzertierte, in seinem Reisetagebuch notierte – wobei er sicherlich zuvor einiges über ihre Fertigkeiten und Stellung gehört haben muss: Ihre Umstände hätten sich zuletzt geändert, »sie gibt jetzt Stunden!«[5] Und drei Tage später: »Die Szymanowska habe ich wieder, obschon vergeblich besucht Sie giebt jetzt für Geld Unterricht.«[6]

Die zuvor erlangte gesellschaftliche Stellung ließ Maria Szymanowska zu einer gefragten Klavierlehrerin werden (in jenen Zeiten durften Frauen im Gegensatz zu Männern nicht in Zeitungen annoncieren, dass sie Unterricht geben). Sie erteilte also Stunden und spielte in den besten Warschauer Häusern. Dazu fand sie noch eine weitere Einnahmequelle und veröffentlichte im Herbst dieses Jahres fast 70 Klavierminiaturen in sechs Heften, die vom Leipziger Verlag Breitkopf & Härtel herausgegeben wurden. Dieser Verlag, der damals genau einhundert Jahre alt war (heute ist er mehr als 300 Jahre alt und damit der weltweit älteste ohne Unterbrechung bestehende Musikverlag), bot Werke der wichtigsten Komponisten der Zeit an. Seit 1798 veröffentlichte er auch die Zeitschrift ALLGEMEINE MUSIKALISCHE ZEITUNG, für die Józef (Joseph) Elsner aus Warschau Korrespondenzen schrieb. Er war es auch, der dem Verlag die Warschauer Komponistin empfahl. Auch John Field, der sich seinerzeit in St. Petersburg aufhielt, unterstützte Szymanowska, wofür sich die Komponistin bei ihm bedankte, indem sie ihm eines ihrer wirkungsvollsten Stücke widmete, *Caprice sur la romance de la Joconde*.

Im Verlagskatalog von Breitkopf & Härtel war damals nur eine einzige Frau vertreten: Hortense de Beauharnais, die frühere Königin der Niederlande. Ihre Romanzen waren 1817 erschienen, aber dass sie von einer »Madame« stammten, wussten nur die Eingeweihten, denn auf dem Umschlag

---

[5] Franz Xaver Mozart: Reisetagebuch 1819–1821: Warschau, Danzig, Elbing, Königsberg, Kopenhagen …, hg. v. Rudolph Angermüller, München 1994, S. 44 (Eintrag vom 1.6.1819), zit. nach Bischler, Ein weiblicher Hummel, S. 38.

[6] Ebenda, S. 46, Eintrag vom 3.6.1819, zit. nach Bischler, Ein weiblicher Hummel, S. 38.

Ideen für ein anderes Leben

standen lediglich die Initialen: S.M.L.R.H. (im Übrigen war Hortense eine Tochter von Josephine, der Frau von Napoléon, aus einer früheren Ehe, und ein paar Jahre zuvor hatte Isabey sie auf eine Weise gemalt, die sehr an Pose und Kleidung auf dem bereits erwähnten Szymanowska-Porträt von 1816 erinnert). Komponierende Frauen waren nach wie vor eine Seltenheit. In der zweiten Hälfte des 18. Jahrhunderts hatte Maddalena Sirmen einige Veröffentlichungen vorgelegt, und gegen Ende dieses Jahrhunderts ließ Sophia Dussek manche ihrer Werke verlegen, doch beide waren Berufsmusikerinnen. Das Schaffen von Liebhaberinnen aus den »höheren Kreisen« wie etwa die genannte Hortense blieb, selbst wenn sie zuweilen sehr talentiert waren, zum allergrößten Teil ungedruckt. Das war kein Ergebnis einer Diskriminierung, sondern eher ihrer privilegierten Lebenslagen, denn die Damen mussten ja überhaupt kein Geld verdienen. Es war auch nicht akzeptiert, dass eine Dame aus der guten Gesellschaft am öffentlichen Leben nach ähnlichen Gesetzen teilnehmen konnte wie Personen aus niedrigeren Schichten, zu denen damals auch die Musiker gezählt wurden (noch in den 1820er und 1830er Jahren wurde Fanny Mendelssohn von Bruder und Vater auseinandergesetzt, dass sie zwar komponieren und ausführen könne, was sie wolle, solange sie keinen Ehrgeiz habe, ihre Musik öffentlich zu präsentieren und zu veröffentlichen). Über die Möglichkeit, Szymanowskas Kompositionen zu erwerben, informierte die GAZETA WARSZAWSKA seit Oktober 1819. Am 4. Dezember wurden die Leserinnen und Leser unterrichtet: »Die fünfte Abteilung der musikalischen Kompositionen von Frau Szymanowska ist in der Musikalienhandlung von Herrn Klukowski an der ulica Miodowa Nr. 489 hinterlegt. Personen, welche diese Kompositionen subskribiert haben, möchten sich hier einfinden, um die ihnen gehörenden Exemplare abzuholen.« Zur selben Zeit wurden diese Werke auch in Sankt Petersburg angeboten und verkauft. Heute gelten sie als die ersten von einer Polin geschriebenen und veröffentlichten Instrumentalwerke.

Da alle »Kompositionen von Frau Szymanowska« eine Widmung tragen, kann man erkennen, in welchen Kreisen sie sich bewegte. Manchmal, etwa in der *Caprice*, war die Widmung eine Art von Dankeschön; in diesem Fall dankte die Komponistin Field für die Empfehlung (Abb. 5). Meistens aber richtete sich die Widmung an Personen, mit denen die Komponistin persönlich verbunden war. Bei den am höchsten betitelten

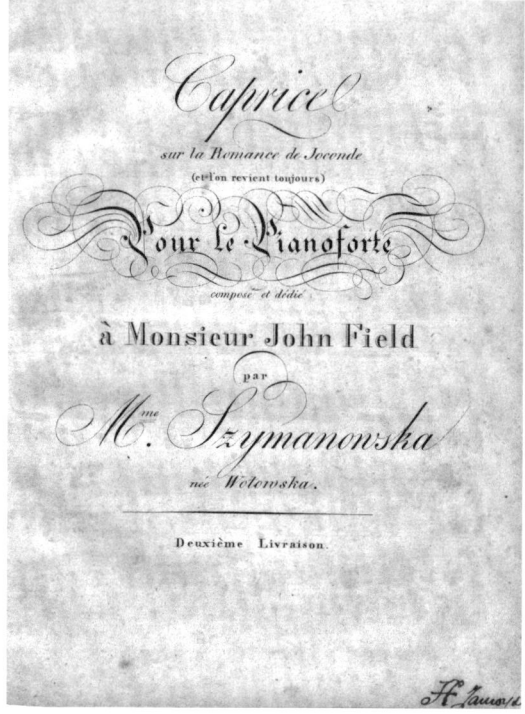

Abb. 5: Titelblatt von Maria Szymanowskas Komposition *Caprice sur la Romance de Joconde*, die sie John Field gewidmet hatte und die 1819 von Breitkopf & Härtel verlegt wurde. Quelle: polona.pl.

Adressaten diente die Widmung als Reklame, da der Name einer prestigeträchtigen Person für viele ähnlich attraktiv war wie heute die Aufforderung von Seiten eines Promis oder eines »Influencers«.
Ihre *Phantasie* widmete Maria Szymanowska »son Altesse Madame la Princesse Zaiączek«, also der für ihre Schönheit berühmten Gattin des Statthalters im Königreich Polen, Aleksandra de Pernet. Ihr damaliger Gemahl Józef Zajączek war Jahre zuvor Jakobiner gewesen, später beteiligte er sich am Kościuszko-Aufstand, wurde anschließend General in Napoleons Armee, und 1815 ernannte ihn Zar Alexander I. zum Statthal-

Abb. 6: Maria Szymanowska begleitet am Klavier den hochadligen Cellisten Antoni Radziwiłł. Zeichnung eines unbekannten Künstlers (Fidelis Brunner?) aus Maria Szymanowskas Stammbuch, 1819. Quelle: Benjamin Vogel: Piano – the main attraction of the Polish salon during Maria Szymanowska time. In: Annales. Académie Polonaise des Sciences, Centre Scientifique à Paris. 16 (2014), S. 125–141, hier S. 131.

ter im Königreich Polen, woraufhin er ihm den Fürstentitel verlieh. Die faktische Herrschaft im Königreich übte jedoch Zarenbruder Konstantin aus. Ihm widmete Maria Szymanowska sechs Märsche. Der Statthalter im preußischen Großherzogtum Posen war hingegen Widmungsträger der *Sérénade pour le pianoforte avec accompagnement de violoncelle*. »Son altesse Monseigneur Le Prince Antoine Radziwiłł«, also »seine Hoheit Fürst Antoni Radziwiłł«, war ein begeisterter Cellist und es hat sich sogar

Ideen für ein anderes Leben

ein Zeugnis für sein gemeinsames Musizieren mit Maria Szymanowska erhalten – eine Zeichnung mit der Unterschrift »Musikalischer Abend in einem Warschauer Salon« (Abb. 6). Auf ihr zu sehen ist Szymanowska am Klavier, daneben sitzt mit dem Violoncello sicherlich Radziwiłł, vielleicht führt er gerade auch ebenjene *Serenade* auf. Die Ausführenden sind ebenso wie die Zuhörer nach östlicher Art gekleidet, oder vielmehr: verkleidet, was die Vermutung nahelegt, dass diese Zeichnung ein *tableau vivant* darstellt, ein »lebendes Bild«, also eine damals beliebte Unterhaltung in der guten Gesellschaft.

Im Einklang mit den damaligen Gepflogenheiten tauchte der Name des Widmungsträgers oder der Widmungsträgerin auf dem Titelblatt auf und war meistens deutlich hervorgehoben. Den zentralen Teil des Umschlags der 20 Etüden und Präludien, also *Vingt Exercices et Préludes* – Titel wurden seinerzeit auf Französisch angegeben – nimmt somit »Mademoiselle la Comtesse SOPHIE CHODKIEWICK« ein (wobei es korrekt CHODKIEWICZ hätte heißen müssen), und erst darunter steht: »par Me Szymanowska née Wołowska«. Das 16-jährige »Fräulein Gräfin« war eine Schülerin der Komponistin. Die künstlerisch begabte Aristokratin machte sich später als Malerin einen Namen, doch konnte sie sich auch Kompositionen zugute schreiben, sogar veröffentlichen. Denn mit der neuen Zeit wuchs auch der Status des Künstlers, und langsam gelangten sogar Gräfinnen zu der Erkenntnis, dass es nicht entwürdigend war, seinen Namen auf einem Notendruck oder einem Buchumschlag zu sehen, ja ganz im Gegenteil, dass ihnen dies Glanz verlieh.

Maria Szymanowska veröffentlichte seinerzeit auch einige Lieder für Singstimme und Klavier, die sie, einer damaligen Mode folgend, als »Romanze« bezeichnete. Eine Sammlung von sechs Romanzen widmete sie der Frau von General Henryk Kamieński, des Helden der Schlacht von Somosierra, bei der polnische Kavallerie in Diensten Napoleons den Weg nach Madrid freikämpfte; Kamieński beteiligte sich später am napoleonischen Einmarsch in Russland. Verfasser der Worte für die erste Romanze unter dem vielsagenden Titel *Peine et plaisir*, also *Leid und Freud*, war hingegen der damals in Warschau residierende russische Staatsbeamte Sergej Puschkin, der Vater des Dichters Alexander. 1814 war Puschkin Senior nach Warschau gekommen, wo er zum Vorsteher der Kommission für die Reservearmee ernannt wurde. Er hielt sich hier drei Jahre lang auf, präsentierte sich in Gesellschaft als Dichter und schrieb Gedichte, natürlich auf Französisch, in der Sprache, welche die russische Aristokratie damals sprach. Wenn man sich die Lebensläufe und familiären Verbindungen einiger weiterer Personen anschaut, die uns in diesen Widmungen begegnen, sieht man, wie kompliziert sich die Geschichte von Polen und Russen damals entwickelte. Die Sammlung *Dix-huit danses de différent genre*, also 18 verschiedenartige Tänze, widmete Szymanowska der »Princesse Wiasemsky, née Princesse Gagarin«. Der Vater der Prinzessin war 1794 in Warschau ums Leben gekommen, als er versuchte, den Kościuszko-Aufstand gegen die russische Herrschaft im Land niederzuschlagen. 25 Jahre später reiste seine Tochter Vera genau in diese Stadt, als Begleiterin ihres Mannes Pjotr, der zum Beamten in der Kanzlei des kaiserlichen Kommissars ernannt worden war. Pjotr Wjasemski, der zuvor für seinen Mut in der Schlacht von Borodino ausgezeichnet worden war (seine Erfahrungen verarbeitete Lew Tolstoi in *Krieg und Frieden*), beschäftigte sich nach Friedensschluss mit Literatur, was ihm durch sein ererbtes Vermögen ermöglicht wurde. Doch er schmälerte es rasch, da er nicht nur der Poesie ergeben war, sondern auch dem Glücksspiel. Allerdings beherrschte er mehrere Sprachen, darunter Polnisch, und so besorgten ihm seine Freunde die Stellung eines Beamten, der in der Warschauer Kanzlei von Nikolaj Nowosilzew für die Korrespondenz verantwortlich war. Vera und Pjotr schlossen mit Leichtigkeit neue Bekanntschaften und fühlten sich in der liberalen Atmosphäre der polnischen Salons gut aufgehoben. Ähnlich übrigens wie ein weiterer russischer Offizier und Teilnehmer an der Schlacht bei Borodino, der zugleich Sohn eines anderen Generals war, der zuvor den Kościuszko-Aufstand niedergeschlagen hatte: Alexander Golizyn. Er gehörte zu den Lieblingen der Warschauer Salons, spielte gut Klavier und komponierte daneben auch. Szymanowska bearbeitete Golizyns *Romanze* für Klavier und widmete ihm dieses Stück auch.

Die meisten Widmungsträger waren Altersgenossen der Komponistin: Die 34-jährige Kamieńska, der 30-jährige Golizyn, die 29-jährige Vera Wjasemskaja und ihr 27 Jahre alter Mann Pawel. Es verband sie die Liebe zur Musik und, wie man sich leicht vorstellen kann, ein Gefallen am gesellschaftlichen Leben, das in dieser Zeit der Poesie und der Musik sehr entgegenkam.

Für den Salon, für die Damen

Wenn man sich die 1819 und 1820 von Maria Szymanowska veröffentlichten Werke anhört, so möchte man immer wieder die Worte zitieren, die Chopin einige Zeit später über seine *Polonaise für Klavier und Violoncello* geäußert hat: »Es ist dies nichts weiter als ein brillantes Salonstück so recht für Damen.«[1]
Tatsache ist, dass diese Werke im Gedanken an »Damen« entstanden sind, vor allem an die jüngsten, die gerade Klavier spielen lernten (dies betrifft vor allem die 20 Etüden und Präludien, die 18 verschiedenen Tänze, 6 Menuette, 6 Märsche, die Polonaise und die Walzer zu 3 und zu 4 Händen). Nur zwei (die *Phantasie* und das *Caprice auf Motive aus Joconde*) ermöglichen es, mit größeren Fertigkeiten zu brillieren. Auch Herren spielten Klavier. Stanisław Morawski erinnert sich daran, mit welcher Hingabe er in seiner Jugend Werke von Szymanowska übte, als er dem Klavier »sowohl Groll als auch Zuneigung« entgegengebracht habe. Im Unterschied zu den Damen, die durch die zeitgenössischen Sitten zu diesem Instrument »verdammt« waren, konnten die Herren jedoch auch Streich- und Blasinstrumente erlernen. Einen für den Salon typischen Charakter des musikalischen Dialogs hat somit die *Serenade* für eine Pianistin mit Begleitung eines Cellisten: So heißt es im Titel des Werks, was in dieser Zeit, anders als später, die Norm war (der Widmungsträger der *Serenade*, Antoni Radziwiłł, war übrigens dieselbe Person, für die Chopin seine bereits erwähnte Polonaise schrieb). Ähnlich auch das *Divertissement*, in dem die Dame von einem Geiger begleitet wird.
Die Bezeichnung »Flitter« würde gut zu den Figurationen und Verzierungen passen, die bewirken, dass eine relativ einfache Melodie in diesen Werken einen virtuosen Charakter annimmt. In den Titeln vieler damaliger Kompositionen, etwa in den Rondos von Johann Nepomuk Hummel

---

1 Brief an Tytus Woyciechowski, 14.11.1829. Zit. Nach Moritz Karasowski: Friedrich Chopin. Sein Leben und seine Briefe, Berlin 1878, S. 104–107, hier S. 105.

und August Klengel, die von Szymanowska oft gespielt wurden, wird das französische Wort »brillant« verwendet, also »glänzend, funkelnd, glitzernd«, was gut zu der Vorstellung vom »Flitter« passt.
Die in den Salons aufgeführte Musik sollte effektvoll sein, jedoch keinesfalls schwierig oder anstrengend, und zwar weder für die ausführenden noch für die zuhörenden Damen. Maria Szymanowskas Werke sind meistens schon nach wenigen Minuten zu Ende, so wie die Lieder der Epoche. Ihre Tonarten gehören zu den einfachsten, höchstens mit drei Kreuzen oder Bes am Notenschlüssel (Manuskript geblieben ist die *Barkarole As-Dur* mit 4 b sowie ein namenloses Stück in b-Moll, also mit 5 b). Man kann ihnen jedoch keineswegs die Sünde der damaligen Populärmusik vorwerfen, also harmonische Armut, obschon es ein Fehler wäre, von ihnen Modulationen in entfernte Tonarten oder überraschende Akkordverbindungen zu erwarten, wie sie damals in Werken für reife Virtuosen vorzufinden waren.
Was also erhielt eine Pianistin, die sich die *Dix-huit Danses de différent genre* (*Achtzehn Tänze unterschiedlichen Genres*) zulegte? Zunächst vier wirkungsvolle und nicht schlecht ausgearbeitete Polonaisen, die sich dazu eigneten, einen Empfang im eigenen Heim zu verschönern. Sie werden auch heute gespielt, obschon man sich, wenn man sie hört, vor allem wenn sie von Ausländern gespielt werden, des Eindrucks nur schwer erwehren kann, dass man sie ohne Kenntnis des »chodzony«, eines polnischen Schreittanzes und Urvaters der Polonaise, wie einen Galopp spielt. Die Polonaisen C-Dur und A-Dur wahren ihren Tanzcharakter, man könnte also einen häuslichen Ball mit ihnen beginnen. Die beiden übrigen (e-Moll und f-Moll) knüpfen an die stilisierten Polonaisen von Michał Kleofas Ogiński an, sie wollen eher gehört als getanzt werden, vielleicht wäre es aber am besten, über sie ins Nachdenken zu geraten. Heute beschäftigen sich Pianisten am häufigsten mit der melancholischen Polonaise f-Moll (Abb. 7). Die übrigen Tänze der Sammlung sind kurz und heiter und von unterschiedlichem Schwierigkeitsgrad. Es gibt in diesen anderthalb Dutzend Werken somit Miniaturen für beginnende Pianistinnen (die *Contre-danses*), für etwas Fortgeschrittene (die *Mazurken*) und ganz Gewiefte (die *Walzer, Anglaisen, Quadrillen* und einen *Cotillon*). Nach Sonaten oder Variationen sucht man in Maria Szymanowskas Werk vergeblich. Sie, die nie in der Kunst der Komposition ausgebildet war, hat-

Für den Salon, für die Damen

Abb. 7: Beginn der 1819 als Teil der *Dix-huit Danses* (*Achtzehn Tänze*) veröffentlichten *Polonaise f-Moll*. Quelle: polona.pl.

te keine Gelegenheit, die Grundsätze der thematischen Verarbeitung oder den Kontrapunkt zu erlernen, also Fähigkeiten, wie sie für das Schreiben einer »ordentlichen« Sonate unabdinglich sind. Aber die Zuhörerinnen, aus denen ihr Publikum meistens bestand, erwarteten so eine Musik auch gar nicht. Einige Jahre später, als sie in den Londoner Salons brillierte, wurde in THE LITERARY GAZETTE das Repertoire, das die *Ladies* in ihrer Interpretation am liebsten hörten, so beschrieben: »Wenn Madame Szymanowska für uns eine wunderbare Sonate aufführt, honorieren sie dies kaum mit einer Geste der Zustimmung. Aber wenn sie einen Cotillon zu spielen beginnt, kennt ihre Begeisterung keine Grenzen. ›Ah! Wie wunderbar Sie auf dem Klavier spielen!‹, ist dann von allen Seiten zu hören. ›Was für eine zauberhafte Musik! Wir müssen in den Laden gehen und ein Heft Cotillons von Madame Szymanowska kaufen!‹«[2] Es besteht kein Grund zu der Annahme, dass die Warschauer Damen anders reagierten. Szymanowskas Werke waren also auf den Geschmack und die Fähigkeiten potentieller Kundinnen von Musikalienhandlungen abgestimmt. Daher überwiegen auch in den folgenden Sammlungen Tänze, darunter die damals immer modischer werdenden Walzer, und zwar nicht nur für das Solospiel, sondern auch für Duett.

Sechs Walzer schrieb Maria Szymanowska für drei Hände, wodurch sie sie mit ihren beginnenden Schülerinnen spielen konnte – oder mit einem Junggesellen, da in einer Anzeige einige Jahre später in THE QUARTERLY MUSICAL MAGAZINE AND REVIEW dazu ermuntert wurde, den höchsten, also den Melodiepart auf einer Flöte oder irgendeinem anderen Blasinstrument zu spielen, da er dann noch hübscher klinge. Eine andere Art von Annehmlichkeit sollte den Ausführenden die *Grande Valse* bieten. Dieser Walzer wurde für die vier Hände der Töchter von Zofia Zamoyska geschrieben, also für Celestyna und die jüngere Jadwiga, was auch aus der Widmung hervorgeht: »Mesdemoiselles les Comtesses Céline et Jedwige Zamoyskie«. Das Stück beginnt wie eine Aufforderung zum Tanz. Doch langsam verändert die Musik ihren Charakter und verwandelt sich in einen quasi improvisierten Dialog der 14- bzw. 15-jährigen Pianistinnen. Eines der damals entstandenen Hefte widmete die Komponistin ihrer jüngeren Schwester Kazimiera. Es enthielt *6 Menuette*. Doch von den Menuetten blieb in diesen Miniaturen nur das Dreier-Metrum übrig, denn sie wirken wie Präludien oder Etüden. Das romantische *Menuett E-Dur* mit zwei unterschiedlichen Trios – einem melancholischen und einem fi-

---

2 THE LONDON LITERARY GAZETTE AND JOURNAL OF BELLES LETTRES, ARTS, SCIENCES, Nr. 519 vom 30.12.1826, S. 825. – »It is a fact, for instance, that when Madame Szymanowska plays a fine sonata in the midst of a circle of ladies, they scarcely honor it with the slightest token of approbation; but let her strike up a cotillon, and they manifest the utmost enthusiasm. ›Oh! How delightfully she touches the piano!‹ is the general exclamation: ›what pretty music! come along: let us go to the shops, and get a collection of Madame Szymanowska's cotillons‹.«

Abb. 8: Der Beginn des *Menuetts E-Dur* in der Ausgabe von 1819.
Quelle: polona.pl.

gurativen – lässt einen an die Musik denken, die eine Generation später Robert Schumann schreiben sollte (Abb. 8).

Diese kurzen Werke passen manchmal auf zwei Seiten. Wenn man sie spielt, stellt sich aber zuweilen der Eindruck ein, als gebe es hier mehr Musik als dies »auf den ersten Blick« erscheinen mochte. Das Geheimnis steckt in den geschickten Wiederholungen einzelner Abschnitte. Eine geübte und einfallsreiche Pianistin konnte nämlich beim erneuten Spielen diverse Modifikationen einbauen. Es genügte, die Dynamik oder die Artikulation zu verändern und die Melodie durch Verzierungen zu ergänzen oder sie durch Oktaven zu verdoppeln, und schon klang die Musik zwar immer noch vertraut, doch schon ganz anders. So tat es Maria Szymanowska übrigens auch manchmal selbst, wenn sie bei der Niederschrift ihrer Stücke die wiederholten Motive abwandelte.

Als Lehrerin musste Maria Szymanowska rasch den Mangel an Anfängerrepertoire erkannt haben. Zwar entstanden Werke, die der Entwicklung der technischen Fähigkeiten dienten, schon im 18. Jahrhundert (kein geringerer als Johann Sebastian Bach hatte dazu beigetragen), doch die wachsende Zahl von Lernwilligen auf dem immer beliebter werdenden Klavier ließ die Nachfrage nach einem Repertoire wachsen, das nicht nur pädagogische Vorzüge besaß, sondern zugleich auch in einem modischen, attraktiven Stil gehalten war. Es ist also kein Zufall, dass gerade damals, im zweiten Jahrzehnt des 19. Jahrhunderts, einige Pianisten diese Erwartungen aufgriffen. Ab 1812 gab Johann Cramer in London die *Große praktische Pianoforte-Schule* heraus, und drei Jahre später erschienen seine ersten Etüden für Anfänger. Muzio Clementi bot Interessenten seit 1817 eine Reihe von Heften mit dem Titel *Gradus ad parnassum* an, die 1825 zu einer Sammlung von 100 Etüden angewachsen waren. Im Winter 1819/1820 wurde Kundinnen in Leipzig, Sankt Petersburg und Warschau eine Sammlung von 20 Etüden Maria Szymanowskas angeboten. 1820 konnte sich in Paris Hélène de Montgeroult eines gewaltigen Beitrags zu dieser pädagogischen Literatur rühmen. Diese ausgezeichnete Pianistin, die von 1795 bis 1798 am neuentstandenen Pariser Konservatorium unterrichtete, veröffentlichte nun ihren *Cours complet pour l'enseignement du forte-piano* mit 972 Übungen und 114 Etüden, versehen mit einem Kommentar, der ihre Bestimmung erläuterte. Sie dienten der Entwicklung der technischen Fertigkeiten und waren von einfachsten Stückchen bis zu komplizierteren Übungen geordnet. In den folgenden Jahren erschienen weitere Sammlungen solcher Werke, darunter die *Schule der Geläufigkeit* von Carl Czerny, die größte Beliebtheit erlangte.

Trotz der wachsenden Konkurrenz blieben Szymanowskas Etüden lange attraktiv. Das Fräulein Chodkiewicz, dem sie gewidmet wurden, war sich wohl kaum bewusst, dass sie mit ihrem Namen auf dem Umschlag der Erstauflage eine der ersten und wertvolleren Sammlungen derartiger Werke zierte. 1836, als das Verlagsangebot an pädagogischer Klavierliteratur bereits groß geworden war, hielt es Robert Schumann für angemessen, den Leserinnen und Lesern der NEUEN ZEITSCHRIFT FÜR MUSIK einen Führer durch 20 Sammlungen an die Hand zu geben, die er für die empfehlenswertesten erachtete. Eröffnet wurde er mit Johann Sebastian Bach, beschlossen mit Fryderyk Chopin, aber es fehlten hier auch nicht die Etüden von Maria Szymanowska. Die Verdienste dieser einzigen Frau in seiner Auswahl charakterisierte Schumann folgendermaßen:

> Der Name wird vielen eine schöne Erinnerung sein. Wir hörten diese Virtuosin oft den weiblichen Field nennen, worin, diesen Etuden nach zu schließen, etwas Richtiges liegen mag. Zarte blaue Schwingen sind's, die die Wagschaale weder drücken noch heben und die Niemand hart angreifen möchte. Muß man es schon hoch anschlagen, wenn Frauen Etuden nur spielen, so noch mehr, wenn sie sie schreiben; dazu sind diese wirklich gut und bildend, namentlich für Erlernung in Figuren, Verzierungen, Rhythmen u.s.w. Sieht man auch überall das unsichere Weib, besonders in Form und

Harmonie, so auch das musikalisch fühlende, das gern noch mehr sagen möchte, wenn es könnte.³

Diese Formulierungen, die heute herablassend und paternalistisch klingen mögen, wurden damals als rückhaltlose Komplimente aufgefasst. Auf dem Gebiet der Komposition waren Frauen fast ausschließlich Liebhaberinnen und konnten mit Männern nicht konkurrieren. Und so lassen wir alle Vorbehalte beiseite und lesen Schumanns Urteil weiter: »An Erfindung und Charakter heißen wir sie jedenfalls das Bedeutendste, was die musikalische Frauenwelt bis jetzt geliefert«.⁴ (Diese Bemerkung muss noch eigens kommentiert werden, denn der Verfasser dieser Worte war seit über einem Jahr in Clara Wieck verliebt, die ebenfalls komponierte.) Und noch ein Kompliment Schumanns, das nun ohne Anspielungen auf das Geschlecht der Komponistin auskommt, wohl aber Anerkennung für ihre musikalische Phantasie ausdrückt: »wobei noch zu bedenken, daß sie schon vor langer Zeit geschrieben sind und deshalb vieles für neu und außerordentlich geschätzt werden muß, was nach und nach gewöhnlich und allgemein geworden«.⁵

Szymanowskas Sammlung muss die Anerkennung vieler Lerner gefunden haben, da sie mehrmals neu aufgelegt wurde. Eine Auswahl von *12 Etüden* erschien 1824 in Paris, kurz darauf noch einmal in Leipzig, und zwar bei zwei unterschiedlichen Verlagen, sowie kurz darauf in Mailand. Was konnte man mit diesen Etüden am besten lernen? Schumann zufolge leichten Anschlag bei hohem Tempo (Nr. 5 in der großen Ausgabe mit 20 Etüden), das Zusammenspiel der Hände (Nr. 12), das gleichzeitige Spiel von Melodie und Begleitung mit derselben Hand (Nr. 5), aneinandergereihte Akkorde (Nr. 6), Sprünge (Nr. 4 und 14), Oktavläufe (Nr. 20) und Triller (Nr. 2). Ohne diese Fähigkeiten zu beherrschen, ist es unmöglich, kompliziertere und anspruchsvollere Werke zu spielen, wie sie das Publikum bei Konzerten mit frenetischem Beifall honoriert. Und als Reaktion auf diesen Applaus eignen sich Szymanowskas Etüden hervorragend als Zugabe.

---

3   Robert Schumann: Etuden. In: NEUE ZEITSCHRIFT FÜR MUSIK, 12.1.1836, S. 16–18, hier S. 17.
4   Ebenda.
5   Ebenda.

Diese kurzen, überwiegend zweiminütigen Übungen sind überreich an figurativem »Flitter«. Das deutliche Übergewicht von Dreier-Metren verleiht ihnen Geschmeidigkeit, oder auch, wenn man sich auf die Stereotype der Vergangenheit berufen will, weibliche Weichheit. Beim Blick auf die einzelnen Werke zeigt sich jedoch, wie in diesem Training der Fingerfertigkeit Einfälle durchscheinen, die diese Übungen anreichern – etwas, was in vergleichbarer Musik aus der Zeit um 1820 nicht oft vorhanden ist. Und so hat die Etüde Nr. 6 einen leicht marschartigen Charakter. Nr. 7 wiederum ist als Scherzando bezeichnet, erinnert aber eher an eine Nocturne. Als Scherz über ein Menuett könnte unter den Fingern einer guten Pianistin die Nr. 11 wirken. Etüde Nr. 4 klingt romantisch und ist nicht zufällig eine von lediglich drei in Moll-Tonarten. Am besten bleibt jedoch die synkopierte Akkord-Etüde in E-Dur (Nr. 18, Abb. 9) in Erinnerung. Sie lässt jeglichen »Flitter« vermissen und kündigt die mehr als ein Jahrzehnt später erschienenen Etüden Chopins an.

Viele Hörer haben Spaß daran, bekannte Melodien zu erkennen, und Szymanowska griff das auf, indem sie Märsche schrieb. Im zweiten Marsch zitiert sie ein »Air Russe«, also eine »russische Melodie«, sicherlich im Hinblick auf Konstantin, dem sie diesen Zyklus widmete. In den nächsten Werken sind Anklänge an beliebte Opern der Zeit zu hören. Das Trio im dritten Marsch knüpft an die Arie *Non piu andrai* aus Mozarts *Figaros Hochzeit* an. Im vierten Marsch erklingt ein Fragment aus der französischen komischen Oper *L'Oncle Valet* des heute in Vergessenheit geratenen Dominique Della-Maria. Im sechsten lässt sich die Romanze aus der Oper *Joconde* von Nicolas Isouard erkennen, die damals in allen Salons gesungen und von vielen Komponisten bearbeitet wurde, darunter auch von Maria Szymanowska, die die erwähnten, effektvollen Variationen *Caprice sur la romance de Joconde* schrieb (eines von zwei eigenen Werken, die sie öffentlich aufführte, das zweite war die *Fantasie*).

Phonographen und Radioempfänger sollten erst in der Generation von Szymanowskas Urenkeln Einzug halten, und so sangen die Damen ihrer Zeit allerorten. Sie selbst gehörte zu den wenigen, die dies nicht taten, denn, wie Morawski schreibt: »Ihre Stimme war, zumindest für mich, wenig klangvoll und singen konnte sie nicht.«[6] Als Komponistin berei-

---

6 Morawski, W Peterburku, S. 171.

Für den Salon, für die Damen

Abb. 9: Übung Nr. 18 (»Presto«) aus den *Vingt Exercices et Préludes pour le Pianoforte*, die 1819 im Druck erschienen. Quelle: polona.pl.

cherte sie das Repertoire durch acht Romanzen, meist auf französische Texte, von denen einige lange Zeit als anonym galten. Eine interessante Entdeckung hat vor einigen Jahren die Sängerin Elżbieta Zapolska gemacht. Sie war verblüfft, als sie herausfand, dass der Text zu *Romance à la nuit* (Romanze auf die Nacht) aus einem Werk eines gewissen Joseph-Alexandre de Ségur (1759–1805) stammte, das folgenden Titel trägt: *Les femmes, leur condition et leur influence dans l'ordre social chez différents peuples anciens et modernes*, also: *Die Frauen, ihre Verfassung und ihr Einfluss in der Gesellschaftsordnung bei verschiedenen antiken und modernen Völkern*.[7] Das Gedicht findet sich in dieser Abhandlung (neben vielen anderen) auf S. 212 und zeugt, wie Zapolska ihre Entdeckung zusammenfasst, »zweifellos von der Art von Lektüre, durch die sich Maria Szymanowska anziehen ließ«.

---

7 Elżbieta Zapolska Chapelle: Kompozytorki działały w odosobnieniu. Interview mit Filip Lech, https://culture.pl/pl/artykul/elzbieta-zapolska-chapelle-kompozytorki-dzialaly-w-odosobnieniu-wywiad (Zugriff: 18.12.2021).

Am Scheideweg

Um das Jahr 1820 entstand ein weiteres Porträt von Maria Szymanowska (Abb. 10). Gedruckt wurde es in Form einer Lithographie von Aleksander Chodkiewicz, dem ehemaligen Mann von Karolina und Vater einer Pianistin, der Maria Szymanowska ihre Préludes und Etüden widmete. Wir sehen auf ihm eine romantische Heldin mit zerzaustem Haar. Das Bild lässt sich als Symbol ihrer damaligen Lebenslage deuten, denn sie hatte das 30. Lebensjahr erreicht und fällte nun eine Entscheidung von ungewöhnlicher Folgenschwere: Sie verzichtete auf die ihr zugewiesene Rolle als Ehefrau und Mutter und wollte das Schicksal einer eigenständigen Frau riskieren, noch dazu einer Künstlerin.

Abb. 10: Porträt von Maria Szymanowska, 1820. Quelle: polona.pl

Um wieder unabhängig zu werden und so handeln zu dürfen, wie sie es für sich am besten erachtete, war die Scheidung erforderlich. Das Milieu, in dem sich Maria Szymanowska bewegte, betrachtete Ehen allerdings nicht als lebenslangen Bund. Bei ihrer Beschreibung von Szymanowskas Leben machten die beiden polnischen Historiker Teofil Syga und Stanisław Szenic sogar darauf aufmerksam, dass man dort nach französischem Vorbild weder eheliche Treue noch Beständigkeit schätzte.[1] Unter den Personen, die am Entstehen der *Historischen Gesänge* beteiligt waren

---

1 Zit. nach Teofil Syga, Stanisław Szenic: Maria Szymanowska i jej czasy, Warszawa 1960, S. 63.

oder die als Widmungsträger von Szymanowskas Werken erscheinen, waren die Generalsgattin Zajączkowa und Karolina Chodkiewiczowa geschieden. Geschieden war auch Maria Wirtemberska (von Württemberg), und die Heldin ihres Romans *Malwina, czyli domyślność serca* (Malwina oder der Scharfblick des Herzens) trennt sich von ihrem Mann, da dieser kein Verständnis für die literarisch-musikalischen Leidenschaften seiner Gemahlin hat. Ebenfalls geschieden war Großfürst Konstantin. Mit der Überzeugung, dass in der Sphäre, zu der die Wołowskis und die Szymanowskis gehörten, Scheidungen zur Seltenheit gehörten, hat vor ein paar Jahren Piotr Z. Pomianowski aufgeräumt.[2] Nach einer eingehenden Analyse von Dokumenten gelangte er nämlich zu dem Schluss, dass der Code Napoléon dazu führte, dass sich Landedelleute, Beamte und Militärs offiziell trennten, denn er ermöglichte die Zivilscheidung, weshalb die komplizierte und kostspielige Prozedur der kirchlichen Annullierung der Ehe vermieden werden konnte. Und so wurde am 15. Juli 1820 die Ehe zwischen Maria und Józef Szymanowski aufgelöst – eines von mindestens 25 Paaren, die in diesem Jahr in Warschau die Scheidung einreichten, was aus heutiger Sicht wenig erscheinen mag, was jedoch vergleichbar war mit den damaligen Scheidungszahlen in Frankreich. Der Vermerk wurde am 9. Februar des folgenden Jahres ins Pfarrbuch des Dorfs Karczewo unweit von Otwock eingetragen, wo Szymanowski sein Gut pachtete und wo er sich aufhielt. Aus dem Eintrag geht auch hervor, dass »Maryanna Agata geb. Wołowski« nun in der ulica Walicóws lebte, also bei ihren Eltern.

Wenn sie ihre weiblichen Bekannten beobachtete, so dürfte Maria Szymanowska bemerkt haben, dass eine Frau so viel Selbständigkeit besaß, wie es ihr eigenes Vermögen zuließ. Ihr Talent sowie die erworbenen pianistischen Fähigkeiten eröffneten ihr die Chance, für sich eine solche Situation herbeizuführen. Zwar war die Welt noch nicht bereit für unabhängige und arbeitende Frauen, und in den Kreisen, von denen ihr finanzieller Erfolg abhängen würde, war Geldverdienst gleichbedeutend mit gesellschaftlicher Degradierung, doch als Pianistin bot sie luxuriöse Unterhaltung, was sie zu einer jener Personen werden ließ, die in den Salons begehrt waren. Außerdem beschloss sie, ihre Entscheidung so zu moti-

---

2 Piotr Z. Piomianowski: Rozwód w XIX wieku na centralnych ziemiach polskich. Praktyka stosowania Kodeksu Napoleona w latach 1808–1852. Warszawa 2018.

vieren, wie sie dies später im JOURNAL DE ST.-PÉTERSBOURG darstellte: »Ungünstige Umstände zwangen sie dazu, dieses Talent, das für sie zuvor lediglich eine Quelle von Annehmlichkeiten gewesen war, zum Wohle ihrer Kinder zu nutzen und zu gebrauchen«.[3] Zwar zahlte ihr ehemaliger Mann für den Unterhalt der Kinder, und sie konnte stets auf die Hilfe ihrer wohlhabenden Eltern bauen, doch hob sie bewusst hervor, wie sie sich für ihre Kinder aufopfere, was sie in ein günstiges Licht rückte, ihr Umfeld gnädig stimmte und sogar dazu ermunterte, ihr Unterstützung anzubieten.

Unterricht war eine feste, wenn auch bescheidene Quelle für einen Lebensunterhalt. Aber war sie ausreichend attraktiv für eine Frau, die schon Bühnenerfolge gekostet hatte? Wenn sie in Warschau blieb, konnte Szymanowska in Salons spielen und ein, zwei Mal im Jahr öffentlich auftreten. Wenn sie häufiger konzertieren und besser verdienen wollte, musste sie in die Welt aufbrechen. Reisen waren nach wie vor beschwerlich und kostspielig, boten aber auch die Gelegenheit, die Welt zu sehen. Hätte sie in ihrer traditionellen Rolle und in den heimatlichen Gefilden verharrt, dann hätte Maria Szymanowska sie sich also lediglich vorstellen können, indem sie den Berichten von Reisenden, meistens von Männern, gelauscht hätte, denen es das familiäre Vermögen oder der Beruf ermöglichten, ein wenig herumzukommen. Aber Musiker begaben sich immer häufiger an die Orte, an denen sie mit einem Publikum rechnen konnten, das ihre Kunst zu schätzen wusste – selbst Frauen, zunächst vor allem dann, wenn sie jung, ja sogar blutjung waren. Im Gefolge der blinden österreichischen Pianistin Maria Theresia Paradis, die in den 1780er Jahren mit ihrem Spiel die Höfe in Paris und London begeisterte, und dank der Unterstützung ihrer Familien machten sich weitere Teenagerinnen auf den Weg, etwa Anna de Belleville und Leopoldine Blahetka. Der Wiener Kritiker Eduard Hanslick schrieb viele Jahre später: »Zu der erstaunlichen Zahl einheimischer Pianisten, die wir in den Jahren 1815–1830 concertieren sahen, lieferten Frauenzimmer und Kinder das größte Kontingent«.[4]
Im Herbst 1819 hatte Maria Szymanowska im Übrigen die Gelegenheit, zwei Musiker kennenzulernen, deren Erfahrungen für sie ausgesprochen

---

3 Zit. nach Syga/Szenic, Maria Szymanowska, S. 360.
4 Eduard Hanslick: Geschichte des Concertwesens in Wien. Wien 1869, Band 1, S. 223.

wertvoll waren. Zunächst begegnete sie Franz Xaver Mozart, der seine sichere Anstellung in Lemberg aufgegeben hatte und als Pianist in die Welt gezogen war, indem er in verschiedenen Städten Mitteleuropas Konzerte gab. Bald darauf wurde der Salon der Wołowskis auch von Angelica Catalani aufgesucht. Diese ausgezeichnete Sängerin war seit einem Jahr auf Reisen und die beiden Damen trafen sich anscheinend viele Male. Es wäre somit verwunderlich, wenn Maria Szymanowska nicht die Gelegenheit genutzt hätte, sich nach der Organisation ähnlicher Reisen zu erkundigen. Was ihr zuvor und in einer etwas anderen Angelegenheit Mozart geraten hatte, lässt sich hingegen denken. Denn als es ihm endlich gelungen war, Szymanowska persönlich zu treffen und mit der Realität zu vergleichen, was man ihm früher über ihre Fähigkeiten und Einflüsse berichtet hatte, notierte er:

> Sie spielt recht schön, aber nicht gleich. Viel Geschmack, aber nur Modegeschmack. Haltung des Körpers schlecht, und auch die Hände nehmen sich nicht gut aus. Manchmal spielt sie eine Stelle sehr schön, mit seltner Zartheit und verdirbt gleich darauf, eine viel interessantere aus Laune, oder schlechter Beurtheilung. (…) Sie ist sehr brav, aber nicht das, was man aus ihr macht.[5]

Er muss ihr seine Beobachtungen mitgeteilt haben, und da sie sich wohl bewusst war, dass ihr in Warschau niemand ähnlich fachliche Hinweise geben konnte, nahm sie seine Bemerkungen ernst und brach bald darauf nach Dresden auf. Hier nahm sie, wie aus Mozarts Tagebuch hervorgeht, am 1., 3., 5., 8. und 9. März 1820 bei ihm eine Art von Unterricht, die man heute »Meisterkurs« nennen würde. Drei Monate später war ihre Scheidung vollzogen. Und im Sommer konnte sie in einem Brief des bedeutenden französischen Geigers Pierre Rode lesen: »Mehrere Personen, deren Urteil anzuerkennen ist, haben mir versichert, dass Sie einen Grad der Könnerschaft erreicht haben, der Sie anspornen sollte, Warschau einmal zu verlassen und uns in Paris zu besuchen.«[6]

---

5 Mozart, Reisetagebuch, Eintrag vom 5.6.1819, zit. nach Bischler, Ein weiblicher Hummel, S. 39.
6 Pierre Rode an Maria Szymanowska, Brief vom 20. Juni 1820. Nach dem Manuskript in der Biblioteka Polska in Paris zitiert von Renata Suchowiejko: Szymanowska Maria Agata, in: https://ruj.uj.edu.pl/xmlui/bitstream/handle/item/36079/

Abb. 11: Der erste der in Warschau erschienenen vier Walzer zu drei Händen, 1821.
Quelle: imslp.org.

Vorerst lernte Szymanowska aber weiter und komponierte neue kleine Stücke. Sie veröffentlichte sie in Warschau, was dadurch möglich war, dass der französische Maler Louis (Ludwik) Letronne 1818 in Warschau eine »Kunsthandlung unter den Säulen« eröffnet hatte, wo er nicht nur Noten und Musikinstrumente feilbot, sondern auch musikalische Werke verlegte. 1821 nahm er eine *Ecossaise* und zwei Mazurken von Maria Szymanowska in seine Hefte auf, die er unter einem umständlichen Titel herausgab: *Terpsychora czyli zbiór naynowszych i naybardziey ulubionych w Towarzystwach Warszawskich rozmaitych tanców na piano-forte* (Terpsichore oder Sammlung der neuesten und in den Warschauer Gesellschaften beliebtesten verschiedenen Tänze für Piano-Forte). Über weitere Werke der Komponistin informierte die GAZETA WARSZAWSKA, die am 9. Juni 1821 vermeldete, dass vier Walzer zu drei Händen erschienen seien. Diese vier im 3/8-Takt komponierten Miniaturen waren für die 10-jährige Gräfin Zofia Plater gedacht und ihr gewidmet (Abb. 11).

Renata_Suchowiejko_Szymanowska_Maria_Agata.pdf?sequence=1&isAllowed=y (Zugriff: 19.12.2021).

Am Scheideweg

Im selben Jahr schlug man Maria Szymanowska vor, Musik zu zwei Gedichten zu schreiben, die im ersten Heft der literarisch-künstlerischen Zeitschrift FLORA, ROCZNIK DAMSKI (Flora, Damen-Jahrbuch) erscheinen sollten. Herausgegeben wurde sie von Warschauer Literaten und Journalisten, die hier Prosatexte, Stiche, vor allem aber Gedichte veröffentlichten. Den Auftrag, Melodien mit Begleitung zu einigen Gedichten zu schreiben, erhielten mit Józef Elsner und Karol Kurpiński die beiden wichtigsten Musiker im damaligen Warschau – und Maria Szymanowska: Sie vertonte *Śpiewkę na powrót Woysk Polskich* (Lied zur Rückkehr der polnischen Truppen) zu Worten von »J. M. Pana Dmuszewskiego« (Sr. Hochwohlgeboren Herrn Dmuszewski) sowie eine Mazurka auf ein Gedicht von Antoni Gorecki. Ludwik Dmuszewski, ein Schauspieler, Komödienschreiber und Librettist, hatte einen Toast zu Ehren der »Ritter, die in fernen Ländern kämpften« geschrieben. Gorecki hingegen hatte einen ziemlich frivolen Vers über ein Mädchen zu Papier gebracht, das verspricht, einem Krieger die Treue zu halten, der sich in den Kampf um das Vaterland begibt.[7] Und es war dieses Lied, das die »Flora« beschloss. Als Franz Xaver Mozart nach Warschau kam, wusste er über Maria Szymanowska, dass sie in den Frankistenkreisen besonders geachtet war, weshalb er vermerkte: »hat ihre Stimme noch Einfluß, besonder unter ihre Sekte, und ich werde Ihr wohl müßen ein wenig Weyrauch streuen«.[8] Drei Tage später hatte er sein früheres Urteil ein wenig abgeändert, denn er notierte: »hat nich mehr so viel Bedeutung wie sonst«, was darauf hindeuten könnte, dass die Scheidung ihre frühere Position geschwächt haben mag. Umso mehr konnte dies in ihr das Bedürfnis verstärkt haben, in ihrem Leben einen fundamentalen Wandel herbeizuführen.

---

7   Der Text lautet in Übersetzung folgendermaßen: »Ich vergieße keine Tränen, auch wenn Stach mich verlässt, das Land verteidigen geht, warum soll ich klagen? Möge die ganze Jugend des Dorfes mich lieben, er weiß, dass ich nicht scheu bin, dass ich ihm treu bleiben werde. Ich habe zwei unberührte Rosensträucher, wenn der Jüngling wiederkehrt, werde ich ihm einen Kranz flechten. Denn wer willig sein Blut für das Vaterland vergießt, einem solchen Geliebten gönne ich einen Kranz.«
8   Mozart, Reisetagebuch, Eintrag vom 3.6.1819, zit. nach Bischler, Ein weiblicher Hummel, S. 38.

In Russland

In den ersten Jahrzehnten des 19. Jahrhunderts fand das musikalische Leben hauptsächlich in Salons statt, doch allmählich wurden öffentliche Konzerte immer beliebter. Früher hatten vor allem Kastraten und Sängerinnen eine Chance auf Erfolg, nun aber wuchs die Attraktivität von Instrumentalsolisten. Die Entscheidung, in fernen Ländern aufzutreten, wurde durch die Entwicklung der Presse begünstigt, die durch ihre Berichterstattung von Konzerten der Virtuosen auch in anderen Städten Interesse an ihnen aufkommen ließ (und bei dieser Gelegenheit künftigen Historikern Quellen zur Verfügung stellte). Aus der ziemlich gründlichen Forschung zur Präsenz von Frauen in der Geschichte der europäischen Musik geht hervor, dass als erste Instrumentalistin, die sich als reife Frau auf eine Konzerttournee aufmachte, Maddalena Sirmen gelten kann, eine italienische Geigerin und Komponistin, die zwischen 1767 und 1772 das Publikum in Paris und London begeisterte. Anfangs spielte sie im Duett mit ihrem Mann, der ebenfalls Geiger war, und nachdem sie sich von ihm getrennt hatte, trat sie alleine auf. Im folgenden Jahrzehnt wurde in Frankreich, Deutschland und England Maria Theresia von Paradis bewundert. Im letzten Jahrzehnt des 18. Jahrhunderts begab sich Marianne Kirchgessner mit ihrer Glasharmonika auf Konzertreisen. Maria Szymanowska zählte somit zu den Pionierinnen; ihre Entscheidung war ein Beleg für ihren Ehrgeiz, ihren Mut und ihre Vorstellungskraft. In der Familie Wołowski fürchtete man sich jedoch nicht vor ungewöhnlichen Herausforderungen, und so ging Marynia – wie Maria auch genannt wurde – im Januar 1822 auf ihre erste Konzertreise. Sie reiste nicht alleine, sondern in Begleitung ihrer Schwester Kazimiera und ihres Bruders Stanisław. Kazimiera spielte anscheinend selbst gut auf dem Klavier, sang und schrieb Lieder (ein halbes Jahr zuvor hatte Karol Kurpiński sogar erwogen, ihr Lied *Wspomnienie o szczęściu* [Erinnerung ans Glück] in der Notenbeilage zum TYGODNIK MUZYCZNY I DRAMATYCZNY zu veröffentlichen). Stanisław war Arzt.

Ihr Ziel waren Sankt Petersburg und Moskau, zwei Städte, die Musiker aus West- und Südeuropa seit etwa einem Vierteljahrhundert anzogen. Die Eroberung Russlands durch die Pianisten hatte allerdings mit ziemlich viel Pech begonnen, denn Johann Dussek, der 1783 am Hof von Katharina II. eingetroffen war, wurde schon bald verdächtigt, sich an einem Anschlag auf die Zarin beteiligt zu haben, weshalb er sein Heil in der Flucht suchen musste. Seinen Nachfolgern erging es sehr viel besser. Muzio Clementi feierte beim Petersburger Publikum so bedeutende und finanziell lukrative Erfolge, dass der mit ihm eingetroffene Ire John Field beschloss, sich in Russland niederzulassen. Ähnlich tat es der preußische Pianist und Komponist Daniel Steibelt. Die Attraktivität von Moskau und Sankt Petersburg bewog auch Johann Nepomuk Hummel, August Klengel und Ferdinand Ries, die weite Reise auf sich zu nehmen, um nur an die damals bekanntesten Virtuosen zu erinnern, mit denen Maria Szymanowska verglichen wurde oder deren Werke sie in ihrem Repertoire hatte.

Wenn man von Warschau nach Sankt Petersburg gelangen wollte, galt es rund 1400 Kilometer zu überwinden. Unterwegs stiegen die Geschwister Wołowski in Wilna ab, das auch »das polnische Athen« genannt wurde. Den Medizinprofessor an der dortigen Universität, Joseph (Józef) Frank, einen großen Musikliebhaber, hatten sie bereits früher in Warschau kennenlernen können. Eine Notiz über ihre neuerliche Begegnung findet sich in Franks *Pamiętniki* (Erinnerungen)[9], während in Szymanowskas Stammbuch der Aufenthalt in der nächsten Stadt Spuren hinterlassen hat, denn am 30. Januar trafen sie in Mitau bei Riga ein.

Die Petersburger Musikliebhaber hörten Maria Szymanowska am 18. März bei einem Konzert, das in der örtlichen Philharmonie stattfand, deren Gründung auf das Jahr 1802 zurückgeht, womit sie die erste in Europa war. Im Saal saß damals die jüngere Schwester des Zaren, Maria Pawlowna, die mit ihrem Gemahl, dem Erbprinzen Carl Friedrich von Sachsen-Weimar, gerade auf Heimaturlaub war. Begleitet wurden sie vom Weimarer Musikdirektor Johann Nepomuk Hummel, und so informierte schon bald der KURJER WARSZAWSKI seine Leser über den Erfolg der Pianistin:

---

9 Vgl. Syga/Szenic, Maria Szymanowska, S. 113.

> Seit den Konzerten von Frau Catalani war der Saal nie mehr so voll gewesen. Die Karten waren so begehrt, dass vor Beginn des Konzerts alle schon längst verkauft waren, obwohl für sie ein Preis von 10 Assignationsrubeln festgelegt war, also rund ein Dukaten pro Karte, doch manche Personen wollten zeigen, wie sehr sie die Perfektion der Kunst verehren, und zahlten sogar zwischen 10 und 20 Dukaten für eine Karte. Als sich Frau Szymanowska zeigte, wurde sie von lautem und allgemeinem Beifall empfangen, und nach dem Spielen eines jeden Werks wurde mit immer größerem Überschwang geklatscht. Unter anderem spielte sie ein Adagio, das für sie in Petersburg vom berühmten Hummel komponiert worden war, dem Hofkapellmeister von Großfürstin Maria Pawlowna (…). Dieser Komponist dirigierte auch das Orchester. (…) die allgemeine Resonanz stellt sie auf eine Stufe der Perfektion mit Field. Der bei dem Konzert anwesende Erbgroßherzog von Weimar teilte die allgemeine Zufriedenheit. Der Allerhöchste Herr [der Zar, D. G.] war so gnädig, Frau Szymanwoska zum Andenken einen wertvollen, mit Brillanten verzierten Fermuar zu übersenden. – Der Ertrag dieses ersten Konzerts soll 14 000 Rubel betragen haben.[10]

Die Mitteilung über das *Adagio* schoss wohl über das Ziel hinaus, denn die existierenden *Adagios* von Hummel sind anderen Personen gewidmet, doch die übrigen Informationen scheinen der Wahrheit zu entsprechen. Der Erfolg dieses Konzerts ermöglichte es Maria Szymanowska, am 4. April noch einmal in der Philharmonie aufzutreten. Sie spielte nun Dusseks *Klavierkonzert*, wenn auch ohne Orchester – die Orchesterpartie übernahm auf einem zweiten Flügel kein anderer als Hummel. Über dieses Ereignis berichtete der Kurjer Warszawski ebenfalls, wobei er auch vermeldete, wie die Künstlerin nun entlohnt wurde. Zu jener Zeit erhielten Künstler für private Auftritte nämlich entweder Geld oder wertvolle Gegenstände. Eine Generation zuvor hatte sich Wolfgang Amadeus Mozart darüber beklagt, dass er nicht mehr wisse, was er mit all den Uhren anfangen solle, die er immer wieder für sein Spiel erhalte. Damen wurden bei solchen Gelegenheiten mit Schmuck beschenkt, und

---

10 Kurjer Warszawski Nr. 77, 31.3.1822, S. 1.

so erhielt Maria Szymanowska für ihre Auftritte vor der Zarenfamilie wertvolle Fermuare (verzierte Verschlüsse für Halsketten) und Ohrringe. Aufgrund weiterer Berichte kann man mutmaßen, dass sie von diesen Fermuaren bald ebenso viele gehabt haben muss wie Mozart Uhren. Auch Szymanowskas Stammbuch wurde um weitere Einträge reicher. So verewigte sich hier Alexej Lwow, ein Violine spielender Offizier, der als Verfasser der 1833 entstandenen Zarenhymne in die Geschichte einging. Als Beleg für die Anerkennung des Talents und der Fertigkeiten von »Madame Szimanofska« widmete ihr der »treue Freund« Johann Nepomuk Hummel eine virtuose Klavierminiatur.

Am 27. April reiste Maria Szymanowska, ihrem früheren Plan folgend, nach Moskau weiter. Hier trat sie am 14. Mai auf, und obwohl der Termin nicht besonders günstig war, da die Aristokratie in dieser Jahreszeit meist schon in ihre großen Besitzungen reiste, füllte sich der Saal. Der Gouverneur von Moskau, Fürst Dmitri (Wladimirowitsch) Golizyn, hatte nämlich nicht weniger als 200 Karten erworben, weshalb das Konzert zu einem gesellschaftlichen Ereignis wurde. Eine für die Pianistin überaus löbliche Kritik brachten später die MOSKOVSKIE VEDOMOSTI, weshalb wir wissen, dass sie Werke von Johann Nepomuk Hummel und August Klengel spielte. Als Zugabe wählte sie ihr eigenes *Caprice sur la romance de Joconde* – ein Werk, das John Field gewidmet war, der diese Geste persönlich wertschätzen konnte, da er seiner etwas älteren Kollegin die Noten umblätterte.

Field lebte damals in Moskau, hier erschienen seine neuen Werke und Maria Szymanowska erhielt sie von den Wjasemskis, mit denen sie oft korrespondierte. Pjotr Wjasemski war inzwischen nämlich aus Warschau abberufen worden, da er allzu liberale Ansichten an den Tag gelegt hatte. Er ließ sich in Moskau nieder, wo er zwar unter polizeilicher Aufsicht stand, aber ohne größere Hindernisse schreiben und ein ausferndes gesellschaftliches Leben führen konnte, wovon nun auch die Warschauer Freundin profitierte. Er führte sie in die wichtigsten Salons ein und sorgte auch für ein paar Einträge in ihr Stammbuch. Zu ihren Ehren richtete er zudem einen Ball aus, und zwar mit einer ungewöhnlichen musikalischen Umrahmung, denn als man vom Abendessen in den Salon schritt, wurden die überraschten Gäste von einem Zigeunerorchester begrüßt. Nach Maria Szymanowskas Rückkehr nach Sankt Petersburg wurde sie vom Zaren ähnlich geehrt, der nach ihrem Konzert am 17. Juni einen Empfang gab.

Bei der Durchsicht der russischen Pressekommentare von den Konzerten Maria Szymanowskas ist Doris Bischler auf einen interessanten Unterschied gestoßen.[11] Der Kurjer Warszawski berichtete ausschließlich von Erfolgen, und zwar von großen. Derweil berichtete die englische Presse (Quarterly Music Magazine and Review), die nach einigen Monaten die Anwesenheit der polnischen Pianistin in Sankt Petersburg vermerkte, dass dort vor allem ihre privaten Auftritte Erfolg gehabt hätten. Ähnlich wurden die Leserinnen und Leser der Allgemeinen Musikalischen Zeitung informiert:

> Madame Symanoffska, Klavierspielerin aus Warschau, die sich mit Hrn. Hummel zu gleicher Zeit hier befand, interessirte das Publikum für sich durch Schilderung ihrer Lage; auch gefiel ihr Spiel in einigen Privat-Gesellschaften: denn sie zeigte natürliches Gefühl und bedeutende Fertigkeit; bey ihrem öffentlichen Spiele aber befriedigte ihr Vortrag nicht, welches wohl dem Mangel an guter Schule zuzuschreiben ist.[12]

Könnte der Grund hierfür das bereits erwähnte Lampenfieber gewesen sein, das sie vor öffentlichen Auftritten befiel? Das lässt sich heute schwer feststellen, doch die Bemerkung »interessirte das Publikum für sich durch Schilderung ihrer Lage« gibt deutlich zu erkennen, dass eine alleinstehende Mutter, die Konzerte gab, um dadurch die Kinder unterhalten zu können, als Pianistin eine gewisse Sensation war.

Die wichtigste aus Sankt Petersburg stammende Trophäe war der Hoftitel, mit dem die Musikerin dort ausgezeichnet wurde. Denn von Stund an hatte sie das Recht, sich »Erste Fortepianistin Ihrer Kaiserlichen Hoheiten« zu nennen. Eine der Kaiserinnen war eine Altersgenossin der »Fortepianistin«, Elisabeth Alexejewna, die Gemahlin Alexanders I. Die andere war die 20 Jahre ältere Maria Fjodorowna, die Zarenmutter. Diese deutschen Ehefrauen russischer Herrscher – die erste war eine als Luise geborene badische Prinzessin, die zweite stammte aus dem Haus

---

11 Bischler, Ein weiblicher Hummel, S. 52.
12 Allgemeine musikalische Zeitung, 20.8.1823, Nr. 34, Sp. 553.

Württemberg und hieß ursprünglich Sophie Dorothee – etablierten am Petersburger Hof die Institution von »Hofmusikern«. Doch im Fall von Maria Szymanowska war dies keine Stellung, wie sie Jahre zuvor Carl Philipp Emmanuel Bach als »Hofcembalist« von Friedrich II. am preußischen Hof eingenommen hatte, denn bei ihr handelte es sich um einen Ehrentitel. Damit waren keinerlei Pflichten verbunden, aber auch keine Apanage (zumindest hat sich in den Dokumenten keine Spur davon erhalten). Es war jedoch ein Privileg, sich mit dem Titel als eine Art »Qualitätssiegel« zu schmücken, so wie bis heute in Monarchien der Titel eines »Hoflieferanten« verwendet wird. Von nun an ist also in den Berichten von Szymanowskas Konzerten zuerst oft davon zu lesen, »dass die erste Fortepianistin der Durchlauchtigsten Kaiserinnen« aufgetreten sei, und erst danach folgen Informationen über das Programm und über die Reaktion des Publikums.

In den östlichen Grenzgebieten Polens

Die Hoffnungen, die man in Alexander I. setzte, nachdem er dem Königreich Polen die Eigenständigkeit versprochen hatte, begannen schon bald nach 1820 zu verfliegen. Einer der Gründe, aber auch eine der Konsequenzen dieser Veränderungen war die wachsende Aktivität der Geheimpolizei, wovon heute die Historiker profitieren, und zwar auch diejenigen, die sich mit der Geschichte von Maria Szymanowska und ihrer Familie beschäftigen. »Gestern im Theater«, schrieb am 12. Juni 1821 Henryk Mackrott, der eifrigste aller Warschauer Spitzel, »während der Vorstellung der Oper *Die Vestalin* [von Gaspare Spontini, D.G.] klatschten nach den Worten ›Ruhm den freien Völkern, den Tyrannen die Vernichtung‹ [die auf Polnisch gesprochen wurden] hauptsächlich die Akademiker, vor allem der Akademiker Lebrun, der laut ›Bravo‹ rief, sowie der Rechtsanwaltsreferendar Egersdorf, der Akademiker Ostromecki und andere. Hauptmann Jan Wołoski [sic!] schlug mit dem Säbel auf den Boden, trampelte und johlte.«[1] Ein Jahr später war die Familie Wołowski Thema von außerordentlich zahlreichen Spitzelberichten Mackrotts. Es begann im November, mit einer Notiz, die darüber informierte, dass in der Brauerei von Kapliński in der ulica Walicόw ein Deserteur verhaftet worden sei (die Kaplińskis waren eine frankistische Familie, die mit den Wołowskis verschwägert war, wie Anna Wiernicka bei ihren Forschungen zur Familiengeschichte der Wołowskis herausgefunden hat). Wie jemand in seinen Erinnerungen festhielt – und dies wurde später gerne zitiert –, ordnete Konstantin damals an, alle ortsansässigen Bierbrauer zu verhaften, darunter den Vater von Maria Szymanowska. Anschließend befahl er, sie vor Karren zu spannen und nach der Parade einer Kompanie berittener Schützen den Plac Saski säubern zu lassen, also ihn nach Übungen mit einigen hundert Pferden zu reinigen. Aus späteren Berichten geht her-

---

1 Karolina Beylin: Teatr Narodowy w raportach Mackrotta z lat 1819–1821. In: PAMIĘTNIK TEATRALNY, 1952, H. 2/3, S. S. 141–160, hier S. 154.

vor, dass die Wołowskis in den folgenden Wochen beim Zarenhof vorstellig wurden, und Mackrott deutete an, dass die Frankisten, »die sich oft bei Franciszek Wołowski unter dem Vorwand treffen, Konzerte von Frau Szymanowska zu hören«[2], eine Verschwörung aushecken und dass der Cousin der Pianistin, der Rechtsanwalt Franciszek Wołowski, eine geheime Denkschrift ausarbeite.

Das Finale spielte sich im Königsschloss ab, auf einem Ball zu Ehren des Zaren, der von einer diplomatischen Reise zurückkehrte, die eine Art zeitgenössischer Entsprechung des G-7-Gipfels war. Alexander eröffnete den Ball mit einem Tanz mit seiner Schwägerin, der Gemahlin von Konstantin. Als zweite wurde der Frau des Statthalters Zajączek die Ehre zuteil, mit dem Zaren tanzen zu dürfen. Die dritte Dame, welcher der ehrwürdige Gast die Hand reichte, war Maria Szymanowska. Diese Geste wurde als deutliche Ohrfeige für den Bruder aufgefasst – und als ehrenvolle Genugtuung für die Familie Wołowski. Am folgenden Tag empfing der Zar Szymanowska in seinen Gemächern im Schloss und erzählte allen Anwesenden, wie er vor den Monarchen auf dem Kongress in Verona ihr Talent gerühmt habe.

Bald nach diesen Vorkommnissen meldete der wachsame Mackrott: »Gestern Abend fand beim Brauer Józef Kapliński eine Versammlung der getauften Juden statt.« Er nannte die Namen einiger Männer sowie von »Frau Szymanowska«, der einzigen Frau in diesem Kreis. »Sie sprachen viel über die Reise, die Szymanowska nach Kiew anzutreten gedenkt, wo sie sich unter anderem auch irgendwelcher Angelegenheiten der getauften Juden aus Warschau annehmen soll – und es scheint, als sei diese Versammlung bewusst in Zusammenhang mit dieser Reise anberaumt worden.«[3] Es ist nicht bekannt, mit welchen »Angelegenheiten« sich Maria Szymanowska in Kiew beschäftigen sollte, doch deutet der Bericht auf ihre besondere Stellung in der Familie hin, die im Kontext der vorherigen Ereignisse verständlich ist.

Im Januar fanden in Kiew die »Kontrakte« statt, eine Messe, auf der mit unterschiedlichsten Waren, aber auch mit Immobilien gehandelt wurde. Arbeitsverträge wurden hier ebenfalls abgeschlossen, mit Architekten

---

2 Syga/Szenic, Maria Szymanowska, S. 463.
3 Ebenda, S. 464.

oder Lehrern für Landgüter. Es wurden außerdem Gatten für heranwachsende Töchter gesucht, wobei man von den zahlreichen Bällen profitierte, immerhin fanden die »Kontrakte« in der Faschingszeit statt. Deshalb also Maria Szymanowskas Entschluss, nach Kiew zu fahren, denn eine solche Zusammenkunft wohlhabender und unterhaltungslustiger Bürger war dem musikalischen Leben natürlich zuträglich, und in dem klassizistischen Gebäude im Stadtzentrum, wo die Verträge unterzeichnet wurden, gab es auch einen Konzertsaal. Ihre Schwester Kazimiera begleitete sie auf dieser Fahrt.

Die Schwestern wurden vom 25 Jahre alten Marschall des Landadels im Gouvernement Kiew aufgenommen, dem Grafen Gustaw Olizar. Er war Schriftsteller und Dichter, ging in die Literaturgeschichte aber vor allem deshalb ein, weil er unfreiwillig das Entstehen von Adam Mickiewiczs *Krimsonetten* anregte, als er den großen Dichter zwei Jahre später in seiner Besitzung am Fuße des Berges Ajudah (Ayu-Dag) auf der Krim beherbergte. In Kiew organisierte Olizar Konzerte – und betätigte sich als Umstürzler. Da zu den Kontrakten mindestens fünftausend Menschen kamen, also zu viele, um sie alle überwachen zu lassen, bereitete er gemeinsam mit einer Gruppe polnischer und russischer Verschwörer einen Anschlag auf die Zarenfamilie vor. Viele Jahre später erfuhren die Leser seiner Lebenserinnerungen davon, während weder Maria Szymanowska noch Karol Lipiński, ein anderer Virtuose, der damals die Gastfreundschaft des Grafen in Anspruch nahm, davon gewusst haben dürften.

Auf Vermittlung des Gastgebers war Lipiński bereit, gemeinsam mit Maria Szymanowska aufzutreten. In der Fülle von Ereignissen, die während der Kontrakte stattfanden, machte der Name des Geigers, der damals in ganz Europa Ruhm genoss, auf die noch nicht weiter bekannte Pianistin aufmerksam. Auch deshalb war der Saal, in dem sie am 6. Februar auftrat, bis zum Bersten gefüllt, und das trotz der erhöhten Preise der Eintrittskarten. Sie spielte das *Klavierkonzert a-Moll* von Hummel, zwei Kleinigkeiten von Field und ein *Rondo* von Mozart junior, und Lipiński interpretierte zusammen mit ihr ein *Allegro* aus einer Violinsonate von Steibelt. Einige Jahre zuvor hatte Szymanowska Daniel Steibelt persönlich kennengelernt, als er auf dem Weg nach Sankt Petersburg in Warschau Station gemacht hatte und einer Einladung in den Salon ihrer Eltern nachgekommen war. Ihr Stammbuch hatte er damals mit einem *Andante con espressione* für

Klavier bereichert. Nun führte die Bekanntschaft mit Lipiński dazu, dass dieser sich mit einem *Caprice* für Violine solo dort verewigte.

Warschau liegt rund 800 Kilometer von Kiew entfernt, wenn man den kürzesten Weg nimmt, also über Chełm und das nördliche Wolhynien. Vermutlich reisten die Schwestern Wołowska so. Der Rückweg sollte länger werden, war aber mit Konzerten sowie touristischen Attraktionen aufgelockert. Die erste war die Zofiówka in Humań (ukrainisch Uman), rund 200 Kilometer von Kiew entfernt. In jener Zeit was das keine geringe Entfernung, doch der von Stanisław Szczęsny Potocki geschaffene Landschaftspark galt als einer der wunderbarsten in Europa und stand in dem Ruf, einen solchen Umweg wert zu sein. Potocki lebte seit mehr als einem Jahrzehnt nicht mehr, seine Frau Zofia war vor einigen Monaten gestorben, und so besuchten die Schwestern den Park in Gesellschaft des in Humań lebenden 22-jährigen Dichters Seweryn Goszczyński. Eine weitere Etappe auf ihrer Reise war die Residenz der Potockis in Tulczyn (ukrainisch Tultschyn), die auch »das podolische Versailles« genannt wurde – der größte Palast in den alten Ostgebieten des polnisch-litauischen Reichs. In einem Brief an ihre Eltern kündigte Maria Szymanowska an, hier ein paar Tage zu verbringen, »aber nicht tatenlos«. Es war gerade Karnevalszeit, und Potocki hatte sie wahrscheinlich eingeladen, um durch ihr Spiel einem Ball im Palast Glanz zu verleihen. Anschließend wendeten sich die Damen nach Norden und reisten 200 Kilometer weiter, um zu der Kiew und Warschau verbindenden Landstraße zurückzukehren. In Żytomierz (ukrainisch Schytomyr), der Hauptstadt des Gouvernements Wolhynien, konzertierte Maria Szymanowska im örtlichen Theater. Und in Dubno, 250 Kilometer weiter, trat sie im größten Gasthof auf. Von hier aus gelangte sie in nur einer Tagesreise nach Krzemieniec (ukrainisch Kremenez), wo sie zu zwei Konzerten verpflichtet worden war. Die Einnahmen aus dem ersten, am 3. März, kamen alleine ihr zugute. Das zweite fand vier Tage später statt, und der Tradition zufolge spielte sie nun für einen wohltätigen Zweck. Die Pianistin wurde durch ein Bankett geehrt, durch eine Sitzung der örtlichen Musikgesellschaft, aber auch durch Lobgedichte, die anschließend vom Kuryer dla Płci Piękney (Kurier für das schöne Geschlecht) gedruckt wurden. In beiden Gelegenheitsdichtungen waren Worte der Begeisterung für die Kunst der Pianistin verflochten mit patriotischen Anspielungen und Stolz darauf, dass eine so bedeutende Künstlerin eine Polin sei.

Ende März und Anfang April verbrachten die beiden Schwestern eine Woche in Lemberg. Hier trat sie am 1. April auf, was kurz darauf in der Warschauer Presse auf eine Weise kommentiert wurde, die einen weiteren Aspekt ihres ungewöhnlichen Status verdeutlicht: »mit ihrem seltenen Talent weckte sie allgemeine Bewunderung. Das ist umso vorbildlicher und achtbarer, als sie von ihrer Bestimmung her eine Liebhaberin war, die sich durch die Umstände als Künstlerin der Kunst widmete …«.[4] Das Wort »Liebhaberin« bezeichnete damals eine Dame, die Kunst als »Amateurin« ausübt, da sie aufgrund ihrer Geburt von der bitteren Notwendigkeit befreit war, Geld verdienen zu müssen. Hinter der Formulierung »durch die Umstände« verbirgt sich eine Anspielung darauf, dass sie als Künstlerin für den Lebensunterhalt der eigenen Kinder arbeitete. Es wäre übrigens interessant zu wissen, wie die Familie Szymanowski diese Bemerkungen kommentierte, da sie nahelegten, Józef würde den Verpflichtungen gegenüber seinen Kindern nicht nachkommen.

Eine detaillierte Beschreibung, wie Maria Szymanowska bei ihrer Rückkehr nach Warschau begrüßt wurde, verdanken wir weiteren Spitzelberichten von Mackrott. Ihre Freunde hatten nämlich beschlossen, ihr eine Überraschung zu bereiten, und warteten am 6. April bei Morgengrauen – denn man reiste oft in der Nacht – an der Poststrecke aus Lemberg. Dann fuhren sie gemeinsam an Wilanów vorbei, betraten am Mokotower Tor (am heutigen Plac Unii Lubelskiej) die Stadt und trafen lärmend in der ulica Walicòw ein, wo Franciszek Wołowski aus Anlass der glücklichen Rückkehr seiner bekannten Tochter einen Empfang gab.

---

[4] Kurjer warszawski, 27.4.1823, Nr. 99, S. 1.

Beginn der großen Reise

Als Maria Szymanowska nach einigen Monaten der Abwesenheit nach Warschau zurückkehrte, dürfte sie rasch festgestellt haben, dass sich die politische Stimmung weiter verschlechtert hatte. Die Stadt selbst wurde zwar immer schöner, neue Gebäude entstanden, die Straßen wurden immer bequemer und gepflegter. Doch die Zensur wütete bis an die Grenze der Lächerlichkeit, und so konnte zum Beispiel von einer Neuauflage der *Historischen Gesänge* keine Rede mehr sein. Zu einer Sensation wurden hingegen die Werke eines gewissen 24 Jahre alten Dichters aus Wilna – Adam Mickiewicz, der mit seiner Gedichtsammlung *Ballady i romanse* (Balladen und Romanzen) und bald darauf mit seinem Drama *Dziady* (Die Totenfeier) berühmt wurde. Hitzig debattiert wurde auch über die Denkmäler für Nikolaus Kopernikus und Fürst Józef Poniatowski, die im Zentrum der Stadt aufgestellt werden sollten, und für die der Däne Bertel Thorvaldsen als Künstler vorgesehen war. Er sollte ebenso wie Mickiewicz zum Freundeskreis der Pianistin stoßen, und zwar während den Reisen, auf die sie sich nun vorzubereiten begann. Maria Szymanowska hatte sich bereits eine gewisse organisatorische Erfahrung aneignen können, ihr Kontaktnetz war immer ausgedehnter und der Titel einer Hofpianistin öffnete ihr sogar die Salons der Monarchen, und zwar in ganz Europa. Ihre Pläne teilte sie brieflich Pjotr Wjasemski mit, den sie auch über die neuesten Ereignisse im Kreis der gemeinsamen Warschauer Bekannten informierte. Etwa, dass die Gräfin Chodkiewiczowa ihre Scheidung erwirkt hatte und nun Alexander Golizyn werde heiraten können. Bezugnehmend auf diese gesellschaftliche Neuigkeit kommentierte sie auch ihre eigene Situation: »Mein ehemaliger Mann hat sich bereits neu verheiratet, aber ich nicht, ich werde nie mehr heiraten.«[1]
Vorerst ließ sich die Musikerin aber in ihrer Heimatstadt bewundern. 1823 wurde sie Mitglied der Warschauer Wohltätigkeitsgesellschaft, die

---

1 Syga/Szenic, Maria Szymanowska, S. 220.

neun Jahre zuvor auf Initiative derselben Kreise gegründet wurde, in denen die *Historische* Gesänge entstanden waren. Sie hatten die ehrenvolle Absicht, »Linderung für Elend und Leid zu bringen, im Unglück zu helfen, die Zahl der Bettler zu verringern, Alte, Krüppel, Waisen und Arme der Stadt mit Fürsorge zu unterstützen, unabhängig von der Nationalität und vom Bekenntnis«. Die Mittel für ihre Aktivitäten brachte die Gesellschaft unter anderem aus den Einkünften auf, welche Wohltätigkeitskonzerte einspielten. Oft nahmen diese die Form von »lebenden Bildern« an, die Maria Szymanowska musikalisch begleitete. Auf eigene Rechnung trat sie am 6. Mai 1823 im Nationaltheater auf und spielte mit einem von Józef Elsner geleiteten Orchester ein *Klavierkonzert* von Johann Nepomuk Hummel. Trotz der erhöhten Eintrittspreise kamen nicht weniger als 900 Zuhörer, darunter der einstige Lehrer der Pianistin, Antoni Lisowski. Am Ende seiner Konzertkritik unterrichtete der KURJER WARSZAWSKI seine Leser darüber, dass die Künstlerin bald nach Berlin reisen werde.

Die von der Presse angekündigte Abreise von Maria Szymanowska brachte eine ähnliche Überraschung. wie sie ihre Begrüßung bei der Rückkehr von den Konzerten im Osten gewesen war. Denn ihre Kutsche wurde am westlichen Eingang zur Stadt aufgehalten. und ein Chor unter Leitung von Józef Elsner sang eine Gelegenheitskantate. Ludwik Adam Dmuszewski, der Herausgeber des KURJER WARSZAWSKI, erklärte in seinen Abschiedsworten den Anwesenden, dass er ihre Reise verfolgen und seine Leserinnen und Leser über sie informieren werde.

Europa war damals zwar ruhig und Kriege wurden nicht geführt, doch es war in seiner Mitte durch Grenzen zerschnitten, weshalb es wichtig war, die für die weitere Reise notwendigen Papiere zu besorgen. Außerdem musste man sich um Empfehlungsschreiben bemühen, die dabei behilflich waren, die nötigen oder zumindest hilfreiche Kontakte zu erlangen, wenn man privat oder öffentlich auftreten wollte. Um auftreten zu können, musste man einen entsprechenden Saal finden und mieten, ihn nicht selten auch für ein Konzert vorbereiten, also eine ausreichende Zahl von Kerzen und Stühlen besorgen. Man musste Werbung machen und Eintrittskarten verkaufen. Maria Szymanowska sollte bei all dem von ihren Geschwistern unterstützt werden: So wie zuvor wurde sie von ihrer jüngeren Schwester Kazimiera auf der Reise begleitet, aber auch von Karol, einem ihrer Brüder. Die drei Wołowskis beschlossen, mit einer eigenen

Kutsche zu reisen, da ihnen dies Unabhängigkeit bot. Außerdem hatten sie nicht wenig Gepäck, darunter ein Reiseklavier. Ein solches Instrument war zwar im Vergleich zu den heutigen Instrumenten nicht groß, wog aber auch das seine. Als mir die Leiterin der Abteilung für Tasteninstrumente im Posener Musikinstrumentenmuseum, Olga Olejniczak, die Tisch-Instrumente jener Jahre präsentierte, erläuterte sie, dass sie nach Abnahme der vier Beine zwar nicht viel Platz in Anspruch nehmen (ca. 165 x 58 cm bei einer Höhe von 25 cm), aber immer noch viel wiegen, nämlich gut und gerne 100 Kilogramm oder mehr.

Den ersten Aufenthalt plante man dort, wo man mit Publikum rechnen konnte. Und so brach Maria Szymanowska in jene Richtung auf, die von der Warschauer Presse angekündigt worden war, machte aber schon in Posen Station, wo rund um den Johannistag, also den 24. Juni, die dortigen »Kontrakte« stattfanden. Zum Johannis-Jahrmarkt kamen damals Kaufleute und die Gutsbesitzer der Umgebung in die Stadt. Ähnlich wie bei den Kiewer Kontrakten wurden Bälle ausgerichtet, Theater- und Ballettvorführungen sowie Konzerte veranstaltet. Die Konkurrenz an Unterhaltungen war somit nicht gering, doch Maria Szymanowska hatte gegenüber den Rivalen den Vorteil, dass sie zuvor den Statthalter des Großherzogtums Posen, Antoni Radziwiłł, kennengelernt hatte. Er lud sie in seine Residenz ein, wo sie als Ehrengast behandelt wurde, weshalb die Karten für ihr Konzert im Handumdrehen verkauft waren. Sie trat zwei Mal in Posen auf, am 29. und 30. Juni. Der Kritiker der GAZETA WIELKIEGO KSIĘSTWA POZNAŃSKIEGO (Zeitung des Großherzogtums Posen) machte darauf aufmerksam, dass sie ihr Caprice auf Motive aus Joconde »auswendig« spielte. Seinerzeit wurden Musikwerke nämlich meist nach Noten gespielt, während man »aus dem Kopf« nur improvisierte. Wie man sieht, wird Clara Schumann heute eher zu Unrecht als Pionierin des Auswendigspielens auf der Bühne angesehen.

Aus Posen reisten die Geschwister Wołowski nach Südwesten weiter. Über Breslau gelangten sie nach Dresden, woraufhin sie – schon mit mehr als 500 Kilometern hinter sich – im malerischen Schlagendorfer Wald eintrafen und am 10. Juli nach Karlsbad gelangten, worüber wir aus der gedruckten *Liste der angekommenen Kur- und Badegäste in der königl. Stadt Kaiser-Karlsbad* (1823) wissen. Unter den Nummern 948 bis 950 werden hier vermerkt: »Madame Marie Szymanowska, erste Fortepianistin

Ihrer Majeßtäten beider Kaiserinnen von Rußland, mit Dlle. Kazimire Wolowski, und Herrn Karl Wolowski, ihre Geschwister, aus Warschau.« Sie stiegen im Gasthof »Zum weißen Reh auf der Wiese« ab.
Karlsbad war der meistbesuchte Kurort der Habsburgermonarchie und zog Menschen aus aller Herren Länder an. Auch viele Polen zog es nach hier, darunter zahlreiche Warschauer Bekannte von Maria Szymanowska. Den Karlsbader Brunnen wurde eine heilende Wirkung nachgesagt, und so nahmen auch die Damen Wołowski Kurbäder, die – wie in einem Brief der Pianistin an Wjasemski zu lesen ist – Kazimiera helfen sollten, die über Schmerzen in der rechten Körperhälfte klagte. Vor allem aber stand das gesellige Leben in großer Blüte. Der Kurort war modisch, also auch teuer, und man lebte hier auf großem Fuß, mit Bällen und Konzerten. Diese günstigen Umstände nutzte Maria Szymanowska, die hier am 21. Juli 1823 auftrat, was kurz darauf der KURJER WARSZAWSKI vermerkte, der auch nicht vergaß, eine für die damaligen Leser so wichtige Information zu bringen, nämlich welche Persönlichkeiten sich zu diesem Anlass einfanden. Und so wissen wir, dass dem Konzert beiwohnten »die Fürstin Kumberland und alle bedeutendsten Personen, die an diesem Ort anwesend sind: bis zu 50 unterschiedliche fürstliche Herrschaften beider Geschlechter«. Wenn man sich die Kurliste anschaut, so muss man sagen, dass diese Zahl gar nicht einmal stark übertrieben gewesen sein dürfte.

Die »Königin der Töne« trifft den »Dichterfürsten«

In Biographien stößt man immer wieder auf Begebenheiten, die für die beschriebenen Personen von erstrangiger Bedeutung waren, über die jedoch nicht viel bekannt ist – so etwa über die Umstände, unter denen Maria Szymanowska den Titel einer »ersten Fortepianistin der Kaiserinnen von Allrussland« erhielt. Die Aufmerksamkeit der Nachgeborenen wird hingegen manchmal von Ereignissen angezogen, die denjenigen, die ihnen beiwohnten, marginal erschienen sein dürften. So war es, als sich die Pianistin nach dem Aufenthalt in Karlsbad ins nahegelegene Marienbad begab und dort Bekanntschaft mit Johann Wolfgang von Goethe schloss.
Die Geschwister Wołowski trafen Anfang August in Marienbad ein. Sie nahmen im Klingersgasthof Logis (der Name Klinger überlebte im späteren Grand Hôtel) und machten durch Vermittlung eines gemeinsamen Bekannten – vermutlich des Grafen Mycielski, eines Landedelmanns aus Großpolen, der schon zuvor in Karlsbad den Schwestern Wołowski als Führer gedient hatte – die Bekanntschaft von Johann Wolfgang von Goethe. Der Dichter führte Tagebuch und vermerkte hier die Ereignisse des Tages; am 12. August lesen wir: »Trat der verwundete Pole, Graf Mycielski, hinzu«.[1] Am folgenden Tag schrieb er einen Brief an Lord Byron und am 14. August vermerkte er: »Madame Szymanowska und Schwester« (kein Hinweis auf den Bruder, auch viele andere Berichte verschweigen ihn).[2] Nachmittags: »Zu Madame Szymanowska, welche in einem benachbarten Hause auf dem Flügel spielte, ein Stück von Hummel, eins von sich und noch zwey andere, ganz herrlich. Mit ihr spazieren gegen die Mühle. Der Regen überfiel uns. Mit Regenschirmen an die Quelle.«[3] Mit

---

1 Tagebuch 12.8.1823. Zit. nach Johann Wolfgang von Goethe: Werke. Herausgegeben im Auftrag der Großherzogin Sophie von Sachsen, III. Abteilung: Goethes Tagebücher, Bd. 9, Weimar 1897, S. 92 (WA III 9, 92).
2 Tagebuch 14.8.1823 (WA III 9, 93).
3 Ebenda.

»Madame Szymanowska« und ihrer Schwester traf sich Goethe erneut am 16. August: »Madame Szymanowska und Schwester besuchend und einladend. (…) Gedicht für Madame Szymanowska. Mittag zu Hause. Um 4 Uhr bey Madame Szymanowska, welche köstlich spielte. Die Nachbarin hatte das erst verweigerte schöne Piano herüber gegeben«.[4] Sie sahen sich noch am 18. und 20. August, woraufhin Goethe Marienbad verließ, um nach Karlsbad zu fahren.

Noch aus Marienbad schrieb er an seine Schwiegertochter: »Madame Szymanowska, ein weiblicher Hummel mit der leichten polnischen Facilität, hat mir diese letzten Tage höchst erfreulich gemacht; hinter der polnischen Liebenswürdigkeit stand das größte Talent gleichsam nur als Folie oder, wenn du willst, umgekehrt. Das Talent würde einen erdrücken, wenn es ihre Anmuth nicht verzeilich machte.«[5] Und schon von unterwegs, bei einem Aufenthalt in Eger, schrieb er an Carl Friedrich Zelter: »Madame *Szymanowska*, eine unglaubliche Pianospielerin; sie darf wohl neben unsern Hummel gesetzt werden, nur daß sie eine schöne, liebenswürdige, polnische Frau ist. Wenn Hummel aufhört, so steht gleichsam ein Gnome da, der mit Hülfe bedeutender Dämonen solche Wunder verrichtete, für die man ihm kaum zu danken sich getraut; hört sie aber auf und kommt und sieht einen an, so weiß man nicht, ob man sich nicht glücklich nennen soll, daß sie aufgehört hat? Beggene ihr freundlich, wenn sie nach Berlin kommt, welches wohl nächstens geschehen wird, grüße sie von mir und sey ihr behülflich, wo du es angewendet findest.«[6] Hummel war für Goethe ein natürlicher Bezugspunkt, und zwar nicht nur deshalb, weil er als einer der bedeutendsten europäischen Pianisten galt, sondern zudem, weil er so wie Goethe auch in Weimar lebte.

Eine Erinnerung an Goethes Treffen mit den Schwestern Wołowski sind zwei Gedichte, die er in ihre Stammbücher schrieb. Maria Szymanowska sprach kein Deutsch, weshalb der Dichter für sie eine Übersetzung ins Französische anfertigte. Lyrisch knüpfte er an seine damalige Stimmung an, wobei der 74-Jährige gerade neu in Liebe entbrannt war, und zwar

---

4 Tagebuch 16.8.1823 (WA III 9, 94).
5 Johann Wolfgang von Goethe an Ottilie von Goethe 18.8.1823. Zit. nach Johann Wolfgang von Goethe: Werke. Herausgegeben im Auftrag der Großherzogin Sophie von Sachsen. IV. Abteilung: Goethes Briefe, Bd. 37, Weimar 1896, S. 176 (WA IV 37, 176).
6 Johann Wolfgang von Goethe an Carl Friedrich Zelter 24.8.1823 (WA IV 37, 189).

zu der 54 Jahre jüngere Ulrike von Levetzow. Die junge Frau verbrachte mit ihrer verwitweten Mutter und den Geschwistern den Sommer in Marienbad, ohne sich darüber bewusst zu sein, dass sie die Ursache für die »Leiden des alten Werther« war. Im Unterschied zum Romanhelden von vor einem halben Jahrhundert beabsichtigte Goethe allerdings nicht, Selbstmord zu begehen. Er fand sogar Trost in seinem Leiden, und er verdankte ihn der Musik – dies war für ihn die neue Erfahrung dieses Jahres in Marienbad.

In diesem Kurort hielt sich damals auch die *prima donna assoluta* der Berliner Oper auf, Anna Milder-Hauptmann. Goethe hatte Gelegenheit, ihrem Gesang am 15. August zu lauschen, woraufhin er notierte: »Zu Doctor Heidler, wo Madame Milder unvergleichlich sang und uns alle zum Weinen brachte.«[7] Am folgenden Tag erfreute ihn Maria Szymanowska, worüber er sich seinen Freunden in Frankfurt anvertraute, Johann und Marianne von Willemer: »Schließen aber darf ich nicht ohne zu sagen, welche Genüsse mir die Musik dargereicht. Madame Milder von Berlin hat in vier kleinen Liedern eine Unendlichkeit vor uns aufgethan. Madame Szymanovska aus Warschau, die fertigste und lieblichste Pianospielerin, hat auch ganz Neues in mir aufgeregt. Man ist erstaunt und erfreut, wenn sie den Flügel behandelt, und wenn sie aufsteht und uns mit aller Liebenswürdigkeit entgegen kommt, so läßt man sich's eben so wohl gefallen.«[8] Goethe, der im Winter vermutlich einen Herzinfarkt überstanden hatte, informierte nun Zelter, dass seine vorherigen gesundheitlichen Probleme verschwunden seien und »auch mich jetzt so wohl befinde, als ich mich lange Zeit nicht gefühlt«.[9] Er beschrieb auch die Ergriffenheit, die er verspürt hatte, als er Milders Gesang und Szymanowskas Spiel hörte, wobei er mit deutlicher Rührung hinzufügte:

> Nun aber doch das eigentlich Wunderbarste! Die ungeheure Gewalt der Musik auf mich in diesen Tagen! Die Stimme der Milder, das Klangreiche der Szymanowska, ja sogar die öffentlichen musikalischen Exhibitionen des hiesigen Jägercorps falten mich aus ein-

---

7 Tagebuch 15.8.1823 (WA III 9, 94).
8 Johann Wolfgang von Goethe an Marianne und Johann von Willemer 9.9.1823 (WA IV 37, 210).
9 Johann Wolfgang von Goethe an Carl Friedrich Zelter, 24.8.1823 (WA IV 37, 121).

ander, wie man eine geballte Faust freundlich flach läßt. Zu einiger Erklärung sag ich mir: du hast seit zwey Jahren und länger gar keine Musik gehört (außer Hummeln zweymal), und so hat sich dieses Organ, insofern es in dir ist, zugeschlossen und abgesondert; nun fällt die Himmlische auf einmal über dich her, durch Vermittlung großer Talente, und übt ihre ganze Gewalt über dich aus, tritt in alle ihre Rechte und weckt die Gesammtheit eingeschlummerter Erinnerungen.[10]

In ähnlichen Worten vertraute er seine Eindrücke dem Sohn an: »es ist nicht mit Worten auszudrücken, was diese acht Wochen freyen, heiter-geselligen Lebens mich wieder hergestellt haben. Nur ist noch eine gewisse Reizbarkeit übrig geblieben, die ich erst bey'm Anhören der Musik gewahr geworden; ohne die Frauen Milder und Szymanowska wär ich nie dazu gekommen. Da aber dieses bis zum Bewußtseyn emporgehoben ist, so wird auch darauf zu wirken seyn.«[11]

Ein Beleg für diese Erfahrungen war das Gedicht, das er ins Stammbuch von Maria Szymanowska schrieb:[12]

Aussöhnung

An Madame Maria Szymanowska*

Die Leidenschaft bringt Leiden! – Wer beschwichtigt
Beklommnes Herz, dich, das zu viel verloren?
Wo sind die Stunden, überschnell verflüchtigt?
Vergebens war das Schönste dir erkoren!
Trüb ist der Geist, verworren das Beginnen;
Die hehre Welt, wie schwindet sie den Sinnen!

Da schwebt hervor Musik mit Engelsschwingen,
Verflicht zu Millionen Tön um Töne,
Des Menschen Wesen durch und durch zu dringen,

---

10 Johann Wolfgang von Goethe an Carl Friedrich Zelter, 24.8.1823 (WA IV 37, 121, 191).
11 Johann Wolfgang von Goethe an August von Goethe, 24.8.1823 (WA IV 37, 122).
12 Johann Wolfgang von Goethe: Aussöhnung. Zit. nach ders.: Werke. Herausgegeben im Auftrag der Großherzogin Sophie von Sachsen. I. Abteilung: Goethes Werke, Bd. 3, Weimar 1890, S. 27 (WA I 3, 27).

Zu überfüllen ihn mit ew'ger Schöne:
Das Auge netzt sich, fühlt im höhern Sehnen
Den Götterwert der Töne wie der Tränen.

Und so das Herz erleichtert merkt behende,
Daß es noch lebt und schlägt und möchte schlagen,
Zum reinsten Dank der überreichen Spende
Sich selbst erwidernd willig darzutragen.
Da fühlte sich – o daß es ewig bliebe! –
Das Doppelglück der Töne wie der Liebe.

Dieses Gedicht veröffentlichte Goethe 1827 in der *Trilogie der Leidenschaften*, die viele als Höhepunkt der deutschen romantischen Lyrik betrachten. Der Dichter stellte es mit der *Elegie* zusammen, die er schrieb, nachdem er vergeblich um die Hand des 19-jährigen Mädchens angehalten hatte, sowie mit dem Gedicht *An Werther*, das direkt an den Beginn seiner dichterischen Laufbahn und zu seinen ersten Liebschaften zurückblickte. Die *Trilogie* wird somit durch die Erinnerung an ein stürmisches, jugendliches Gefühl eröffnet, das wegen fehlender Erwiderung die Titelgestalt in den Selbstmord treibt. Die *Elegie* hingegen empfiehlt, sich mit dem Verstreichen der Zeit abzufinden, und behandelt Unglück in der Liebe als literarische Inspiration. Das poetische Triptychon wird durch ein Gedicht über die Musik als Trostspenderin beschlossen, das Maria Szymanowska in der Literatur unsterblich gemacht hat.

Die ungewöhnliche Aura, welche spätere Beschreibungen dieser ersten Begegnung der »Königin der Töne« mit dem »Dichterfürsten« auferstehen ließen, wurde auch durch die Atmosphäre mit beeinflusst, in der Szymanowskas späterer Besuch in Weimar stattfand, und zudem durch andere Ereignisse und literarische Werke, die mit Marienbad und enttäuschten oder rätselhaften Liebesgeschichten in Verbindung stehen. 1836 hielt in Marienbad Fryderyk Chopin heimlich um die Hand von Maria Wodzińska an, nur um ein Jahr später eine negative Antwort zu erhalten (eine Erinnerung an diese romantische Geschichte ist ein nach Chopin benanntes Musikfestival, das seit vielen Jahren in Mariánské Lázně – wie der Badeort heute heißt – stattfindet). Goethes Marienbader Schwelgereien haben Thomas Mann zur Titelfigur in *Tod in Venedig* inspiriert. Nach dem Ablauf eines weiteren Jahrhunderts beflügelten sie die Vorstellungskraft von Martin Walser, der Goethes letzte Liebe zum Thema seines Romans *Ein liebender Mann* machte. Walser kommt hier zweimal auf Maria Szymanowska zu sprechen, wobei er die Frage stellt: Lindert die Musik die Emotionen oder potenziert sie nicht vielmehr die Erregung? Die liebestolle Atmosphäre des Ortes ist auf ganz eigene Weise auch in dem surrealistischen französischen Film *Letztes Jahr in Marienbad* von 1961 eingefangen worden, der die Zuschauer mit einer Frage konfrontiert, die gut zu den Überlegungen über die Art der Beziehungen zwischen Goethe und Szymanowska passt: Hat es zwischen dem Dichter und der Pianistin gefunkt – oder nicht?

Für Maria Szymanowska ebenso interessant dürfte noch eine andere Bekanntschaft gewesen sein, die sie in diesem malerischen Kurort schloss, und zwar mit dem fünf Jahre älteren Komponisten und Pianisten Václav Tomášek (Wenzel Tomaschek). Sie war Anlass dafür, dass sich ihr Aufenthalt in Marienbad verlängerte. Später erinnerte er sich an ihre Begegnung:

> Ich wurde mit Hofrath Ebert, sammt seinen beiden Töchtern [eine von ihnen wurde später Tomášeks Frau, D.G.], vom Hrn. Prälaten nach Tepel zum Mittagmahl gebeten, wo ich die Frau Schymanowska, damals eine sehr berühmte Pianistin, kennen lernte (...). Nach aufgehobener Tafel wurde ich vom Prälaten, vorzüglich aber von der Frau Schymanowska, ersucht, auf der Orgel zu spielen, wonach wir uns Alle auf das Chor begaben und ich mir von der Virtuosin ein Thema geben ließ, woraus ich eine Phantasie schuf und sie mit einer Fuge schloß. Schymanowska, durch meine freie Phantasie angeregt, gab keine Ruhe, bis ich ihr versprach, den folgenden Tag am Abend mit Ebert, sammt dessen Töchtern, zu ihr zu kommen, da sie nicht früher Marienbad verlassen wolle; als bis sie mich auch am Pianoforte phantasieren und das Fräulein Wilhelmine einige Lieder von meiner Composition vortragen gehört haben würde. Deshalb ließ sie das Pianoforte, das schon verpackt war, wieder auspacken und ihre Abreise um zwei Tage verschieben. Wir schlugen ihr die Bitte nicht ab und erschienen bei ihr, so wie versprochen.[13]

---

13 Wenzel Johann Tomaschek: Selbstbiographie. [Fortsetzung.] In: Libussa 9 (1850), S. 323–350, hier S. 346 f.

Während des nächsten Treffens am 2. September sang Wilhelmine, Szymanowska spielte, und Tomášek improvisierte »eine gute halbe Stunde«, wie er selbst später aufschrieb, über ein von ihr vorgegebenes Thema. Zum Abschied trug sich Maria Szymanowska in Tomášeks Stammbuch ein:

> Il faudrait avoir le Genie créateur de Goethe pour décrire dignement le sublime talent du tout célébre Wenceslaw Tomaschek. – Je me borne à exprimer par ces quelques mots ma plus grande admiration et la reconnaissançe vivement sentie que jeprouve pour les moments delicieux, qu'il m'a fait passer. Jai oublié en l'ecoutant que je suis loin de ma patrie et de mes enfans.[14]

> (Man müsste das Genie eines Goethe haben, um das überragende Talent des überaus berühmten Wenceslaw Tomaschek würdig beschreiben zu können. – Ich beschränke mich darauf, in einigen Worten meine größte Bewunderung und innige Dankbarkeit für diese köstlichen Augenblicke auszudrücken, die er mir beschieden hat. Als ich ihm zuhörte, vergaß ich, dass ich mich fern von der Heimat und meinen Kindern befinde.)

Tomášek verewigte sich seinerseits in Szymanowskas Stammbuch mit einem *Adagio* für Klavier, das allerdings erst später hineingeschrieben wurde.

---

14 Ebenda, S. 347 (die originale Schreibung wurde beibehalten).

Vor dem deutschen Publikum

Im September war Maria Szymanowska erneut in Dresden. Dank des Berichts eines Warschauer Schauspielers, der sich damals in der sächsischen Hauptstadt aufhielt, erfahren wir, dass sie dort mit einer großen Auszeichnung geehrt wurde. Für gewöhnlich lauschte die Königsfamilie in Dresden gastierenden Virtuosen nämlich während des Essens, doch Szymanowska gab in Schloss Pillnitz ein richtiges Konzert. Am nächsten Tag vergrößerte der königliche Kammerherr ihre Schmucksammlung um ein weiteres, wertvolles Paar Ohrringe mit Brillanten, und außerdem bestellte die von ihrem Spiel begeisterte königliche Familie Karten für ein öffentliches Konzert, das die Pianistin in Dresden geben sollte. Sie trat im Saal des Hôtel de Pologne auf, den ihr der Besitzer mitsamt der Beleuchtung kostenlos zur Verfügung stellte. Aus der hervorragenden Kritik, die anschließend in der ALLGEMEINEN MUSIKALISCHEN ZEITUNG erschien, geht hervor, dass die Pianistin bei ihrem Auftritt ein Konzert von Hummel spielte. Wobei es allerdings aus zwei Konzerten zusammengesetzt war: Den ersten Satz nahm sie aus dem *Konzert h-Moll*, Adagio und Finale aus dem *Konzert a-Moll*. In diesen Zeiten wurden Symphonien und Konzerte meist nicht komplett gespielt, also vom ersten bis zum letzten Satz, weshalb diese heute unvorstellbare Situation niemanden störte.

> Sie besitzt einen herrlichen festen Anschlag auf ihrem Instrumente, verbunden mit Zartheit und vielem Ausdruck. Obgleich sie das Tempo der Hummel'schen Compositionen etwas langsamer nahm, als es der Componist will, so erhielt doch dadurch ihr Spiel mehr Verständlichkeit. Das Rondo von Field spielte sie mit großer Fertigkeit und mit aller der Eigentümlichkeit, die die Compositionen dieses Meisters erfordern.[1]

---

1 ALLGEMEINE MUSIKALISCHE ZEITUNG, 12.11.1823, H. 46, Spalte 759.

Solcherart konnten sich die Zuhörer also davon überzeugen, dass es ihr an Technik nicht gebrach.

Der hellste Stern am musikalischen Firmament Dresdens war der Pianist August Klengel. Nach Erfolgen auf den Bühnen von Sankt Petersburg bis London hatte er sich in seiner Heimatstadt niedergelassen, wo er eine Anstellung als Organist fand. Maria Szymanowska nutzte sicherlich die Gelegenheit und erneuerte die mit ihm einst in Warschau angeknüpfte Beziehung. Denn bald darauf widmete ihr Klengel sein Klaviersextett *Grande Polonoise* (sic) *Concertante* op. 35, ein Werk, das in ebenjenem Jahr 1823 in Leipzig erschien, wohin die Reise der Pianistin weiter führte. In Leipzig, wo man Konzerte mit Orchesterbegleitung schon in der zweiten Hälfte des 18. Jahrhunderts regelmäßig organisierte, wurde im Rahmen einer solchen Konzertreihe im Gewandhaus nun ein Auftritt von Maria Szymanowska angekündigt, und zwar für den 13. Oktober. Vier Tage vor diesem Datum spielte die Pianistin eine öffentliche Generalprobe. Die Anwesenden verbargen ihre Begeisterung nicht, und folglich versammelte das Konzert, wie Kazimiera an ihre Eltern schrieb, »über 700 Personen« (die Stadt zählte nicht ganz 40 000 Einwohner).[2] Szymanowska spielte das *Klavierkonzert h-Moll* von Hummel, und zwar jetzt komplett, und am nächsten Tag unterrichtete Kazimiera ihre Eltern, dass ihre Schwester »Hummels Konzert so perfekt wie nie gespielt hat, denn meiner Meinung nach noch besser als in Warschau; sie wurde weitaus mehr bejubelt als in Peters[burg] beim ersten Konzert«.[3] Unter den Zuhörern befand sich gewiss auch Friedrich Wieck, ein geschätzter Klavierpädagoge und Vater der vierjährigen Clara, die sieben Jahre später im selben Saal als Pianistin debütieren sollte.

Das zweite Konzert am 20. Oktober organisierte Maria Szymanowska selbständig. Sie führte nunmehr Klengels *Klavierkonzert B-Dur* auf, das sechs Jahre zuvor veröffentlich worden war, und außerdem Hummels ganz neues *Rondo brillant*. Sie hatte es auf Zureden des ortsansässigen Verlegers Peters ins Repertoire aufgenommen, »da er auf diese Weise Nachfrage nach diesem musikalischen Werk haben werde«, wie Kazimie-

---

2 Zit. nach Syga/Szenic, Maria Szymanowska, S. 260.
3 Ebenda.

ra vermeldete.[4] Bald war das Werk übrigens auch in Warschau erhältlich, wo man es damit anpries, dass »es von Frau Szymanowska in Leipzig gespielt worden ist«. Das Zuvorkommen war gegenseitiger Natur, und so äußerte Peters den Wunsch, Szymanowskas Instrumentalwerke in Kommission zu verlegen. Nicht interessiert war er indes an ihren Liedern, da in Deutschland französische Texte nicht gefragt waren – diese Sprache beherrschten relativ wenige Damen.[5]

Die Resonanz der Leipziger Konzerte reichte nicht nur bis Warschau, sondern auch bis London, und so ging der Künstlerin also langsam ein Ruf voraus, der ihren weiteren Weg ebnete. Vorerst hielt sie sich jedoch in Mitteleuropa auf, wo sie nach der Abreise aus dem Königreich Sachsen nach Weimar reiste, der Hauptstadt des Großherzogtums Sachsen-Weimar-Eisenach. Die Strecke von rund 100 Kilometern nahm zwei Tage in Anspruch, wobei sie eine Postkutsche nutzten. Denn ihre eigene Kutsche ließen sie in Leipzig, wohin sie zurückkehren wollten, um nach Berlin weiterzureisen. In Weimar waren die Erinnerungen an das jüngste Treffen in Marienbad immer noch lebendig. Der mit Goethe befreundete Friedrich von Müller – derselbe, der Maria Szymanowska 16 Jahre zuvor in Warschau kennengelernt hatte – hatte schon im September einer Bekannten von den Worten des Dichters berichtet, mit all seiner Begeisterung über das Spiel und die Person der »Gräfin« (sic!) Szymanowska.

> Er erzählte mir viel von Marienbad, besonders von der Gräfin Szymanowska, die so wunderschön Klavier spielt, und sagte von ihr: Sie sei so schön und liebenswürdig, daß man trotz ihrer zauberischen Töne froh sei, wenn sie aufhöre, um sie nur sprechen zu können, und wieder umgewandt wünsche, sie möge nur wieder spielen, weil ihr Sprechen so sehr aufrege, daß man nur Ruhe bei ihrem Spiele wieder zu finden hoffen könne. Er sagte, ohne alle Einleitung sei er so schnell mit ihr bekannt geworden, wie man in einer milden, reinen Luft sich alsobald heimisch fühle. Darauf holte er mir aus seinem Gartenzimmer ihre Handschrift, aus der er ihren Charakter

---

4   Ebenda, S. 262.
5   Brief vom 4.11.1823, in: Maria Szymanowska, 1789–1831, album: Materiały biograficzne, sztambuchy, wybór kompozycji. Hrsg. v. Józef Mirski und Maria Mirska, ergänzt von Władysław Hordyński. Kraków 1953, S. 27.

demonstrierte, und las mir dann im höchsten Pathos sein Gedicht an sie vor, drei wunderschöne Stanzen. (…) Sie sehen also, daß seine Leidenschaft für Ulrike Levezow wenigstens nicht exklusiv ist.[6]

In Goethes Tagebuch taucht der Name von Maria Szymanowska nun täglich auf. Auch Kanzler Müller war von ihrem »seelenvolle[n] Klavierspiel« beeindruckt.[7] Johann Peter Eckermann, der ebenfalls am ersten Treffen der Schwestern Wołowski mit dem »Dichterfürsten« in Weimar teilnahm, notierte: »Freitag, den 24. Oktober 1823. Abends bei Goethe. Madame Szymanowska, deren Bekanntschaft er diesen Sommer in Marienbad gemacht, phantasierte auf dem Flügel. Goethe, im Anhören verloren, schien mitunter sehr ergriffen und bewegt.«[8]

Szymanowska, die sich im Zentrum der gesellschaftlichen Aufmerksamkeit befand, muss davon ihrer Familie in Warschau berichtet haben, da Müller bemerkte: »über viele hervorragende Merkmale ihres Charakters könnte ich mich noch auslassen, wie viel wäre über die mitfühlende Sorge für ihre drei Kinder zu sagen, über ihre tiefe Achtung vor den noch lebenden Eltern. Täglich schreibt sie ihnen, gibt ihnen einen gewissenhaften Bericht über alle ihre Aktivitäten, und ihre Kinder müssen schöne Talente aufweisen, nach den Briefen zu urteilen, von denen sie uns einige zeigte.«[9] Diese Briefe kennen wir leider nicht, wissen aber, dass die 11-jährige Celina und die 12-jährige Helena damals in Pension bei Aleksandra Dobrzyńska lebten und dass ihr Sohn das Gymnasium besuchte. Ihre Großeltern und Tante Julia kümmerten sich um sie. Dass sie mit dem Vater und seiner neuen Familie regelmäßigen Kontakt hatten, lässt sich aus etwas späteren Aufzeichnungen Helenas schließen.

Goethes Umgebung entging es nicht, dass die Gesellschaft Maria Szymanowskas den Dichter in eine hervorragende Laune versetzten. Im Dezem-

---

6 Eintrag vom 25.9.1823. In: Goethes Gespräche. Herausgegeben von Woldemar Freiherr von Biedermann, Band 4: 1819–1823, Leipzig 1889, S. 275.
7 Müller, 24.10.1823, in: Friedrich von Müller: Unterhaltungen mit Goethe. Hrsg. von Renate Grumach. Weimar 1982, S. 100.
8 Johann Peter Eckermann: Gespräche mit Goethe in den letzten Jahren seines Lebens. Bd. 3, Leipzig 1848, S. 21.
9 Zit. nach der polnischen Übersetzung in Syga/Szenic, Maria Szymanowska, S. 266 f.

ber stellte er in einem Brief an Sulpiz Boisserée seine damalige Stimmung folgendermaßen dar:

> Eine unvergleichliche Pianospielerin, Madame Szymanowska, deren anmuthige Gegenwart und unschätzbares Talent mir schon in Marienbad höchst erfreulich gewesen, kam gleich nach ihnen, und mein Haus war 14 Tage der Sammelplatz aller Musikfreunde, angelockt durch hohe Kunst und liebenswürdige Natur. Hof und Stadt, durch sie aufgeregt, lebte so fortan in Tönen und Freuden.[10]

Müller wiederum charakterisierte die Pianistin so: »ist weniger schön als hübsch, aber von unbeschreiblicher Anmut, etwa 30 Jahre alt, eine schlanke bewegliche Gestalt, höchst lebhaft und doch ohne alle Unruhe, voll Phantasie und doch höchst einfach und natürlich, von der behaglichen Gutmütigkeit und doch voll Entschlossenheit und Bestimmtheit in ihrem ganzen Wesen.«[11]

Drei Tage nach Szymanowskas Eintreffen in Weimar war sie bei einem Privatkonzert für Goethes Gäste zu hören. Sie saß an demselben Flügel, an dem zwei Jahre zuvor der damals 14-jährige Felix Mendelssohn-Bartholdy seinen Gastgeber begeisterte. Begleitet wurde sie von ansässigen Musikern, weshalb sie Beethovens *Klaviertrio* sowie das *Klavierquartett* von Louis Ferdinand von Preußen aufführen konnte. Bald darauf schrieb Goethe an einen seiner ältesten Freunde, den Dichter Carl Ludwig von Knebel, wobei er erkennen ließ, dass er mit der modernen Musik seine liebe Mühe hatte:

> Da bin ich nun wieder in den Strudel der Töne hingerissen, die mir, modern gereiht, nicht immer zusagen, mich aber doch dießmal durch soviel Gewandtheit und Schönheit gewinnen und festhalten, durch Vermittelung eines Wesens, das Genüsse, die man immer ahndet und immer entbehrt, zu verwirklichen geschaffen ist.[12]

Zwei Tage später spielte Maria Szymanowska bei Hof für die ihr bereits aus Sankt Petersburg bekannte Frau des Weimarischen Thronfolgers,

---

10 Johann Wolfgang von Goethe an Sulpiz Boisserée, 13.12.1823 (WA IV 37, 184).
11 Friedrich von Müller an Julie von Egloffstein, 25.10.1823, zit. nach Bischler, Ein weiblicher Hummel, S. 75 f.
12 Johann Wolfgang von Goethe an Carl Ludwig von Knebel, 29.10.1823 (WA IV 37, 157).

während Goethe sich bemühte, für sie ein öffentliches Konzert zu organisieren, indem er an den Direktor des Weimarer Theaters schrieb:

> Sie haben Madame Szymanovska neulich gehört, und nun wünschten die Musikliebhaber zu einem öffentlichen Concerte Mittel zu verschaffen; auch ist es höchst wahrscheinlich, daß nächsten Dienstag dergleichen statt haben werde. Ew. Wohlgeboren würden daher die verbündeten Musikfreunde sehr verpflichten, wenn Sie einleiten wollten, daß die Capelle bey dieser Gelegenheit freundlichen Beystand leistete; weshalb mir seiner Zeit gefällige Nachricht erbitte.[13]

Das Konzert fand am 4. November im Rathaussaal statt, unter Beteiligung örtlicher Sänger und eines Symphonieorchesters. Zu Beginn war der erste Satz von Beethovens 4. Symphonie zu hören, danach spielte sie Hummels *Konzert a-Moll*. In Kammerbesetzung führte sie dann das *Quintett für Klavier und Bläser* op. 16 von Beethoven sowie eine *Nocturne* von John Field mit Streichquartettbegleitung auf, bis am Ende das wirkungsvolle *Rondo* erklang, der Schlusssatz von Klengels *Klavierkonzert*. So merkwürdig das Programm von heute aus betrachtet auch erscheinen mag, es bestand kein Zweifel daran, dass die Pianistin in diesem Kaleidoskop mit Orchester- und Kammermusik der Star war.

Am Abend des folgenden Tages verließ Maria Szymanowska mit ihren Geschwistern Weimar. Für Goethe war das kein einfacher Abschied. Nach dem Abschiedsessen wollte er »heiter und humoristisch sein«, so beobachtete Müller, doch »überall blickte der tiefste Schmerz des Abschieds durch«.[14]

Nachmittags empfing die Prinzessin Szymanowska zu einer Abschiedsaudienz, woraufhin Müller sie auf besonderen Wunsch Goethes noch einmal zu ihrem Freund brachte. Diesmal half »alle Anstrengung des Humors (…) nicht aus, die hervorbrechenden Thränen zurückzuhalten, sprachlos schloß er sie und ihre Schwester in seine Arme und sein Blick begleitete sie noch lange, als sie durch die lange offene Reihe der Gemächer entschwand. ›Dieser holden Frau habe ich viel zu danken‹, sagte er mir später, ›ihre Bekanntschaft und ihr wundervolles Talent haben mich

---

13 Johann Wolfgang von Goethe an Franz Kirms, 29.10.1823 (WA IV 37, 159).
14 Friedrich von Müller, 5.11.1823, in: Ders., Unterhaltungen, S. 103.

zuerst mir selbst wiedergegeben.«[15] Maria Szymanowska hingegen eröffnete Goethe beim Abschied: »Sie haben mir den Glauben an mich selbst bestätigt, ich fühle mich besser und würdiger, da Sie mich achten.«[16]
Auf dem Weg nach Berlin machte Maria Szymanowska in Halle Station, sie trat auch am Hof in Dessau auf. In die Hauptstadt Preußens gelangte sie gegen Ende November und blieb zwei Monate lang dort. Leider führte in Berlin niemand Tagebuch, so wie dies Goethe in Weimar getan hatte, weshalb die knappen Informationen über Szymanowskas Aufenthalt hier aus den wenigen Briefen stammen, welche die Schwestern an ihre Eltern in Warschau schickten. Hier findet sich eine detaillierte Beschreibung der von den Damen am Berliner Hof getragenen Kleider, die von Kazimiera stammt, und lediglich ein Satz von der Hand der älteren Tochter über die uns hier stärker interessierenden Dinge: »ich schreibe kurz, denn ich bin sehr beschäftigt, ich fahre mit den Mendelssohns zur Singakademie«.[17]
Maria Szymanowska debütierte in Berlin bei einem Konzert, das am 10. Dezember vom Generalintendanten der königlichen Schauspiele, Karl von Brühl, organisiert wurde. Die Anwesenden im Saal waren weniger von der Musik als von der Anwesenheit des Königs und seiner Entourage gefangen, insbesondere von dessen neuer Schwiegertochter. Und da die Pianistin deshalb keinen rechten Kontakt zum Publikum aufbauen konnte, muss ihre Wirkung eine solche gewesen sein, dass die Kritiken nach dem Konzert durchwachsen waren. Neben Stimmen voller Anerkennung gab es auch andere – etwa in der ALLGEMEINEN MUSIKALISCHEN ZEITUNG: »Ein grosser Ruf ging ihr voran; aber auch hier bewährte sich das alte Wort: praesentia minuit famam. Zwar liess man der Fertigkeit, Präcision und dem Ausdruck ihres Spiels Gerechtigkeit widerfahren; aber der gefühlvollen Frau fehlte die Kraft, den Kistingischen Flügel zu gewältigen«[18] (die Pianistin spielte auf einem Flügel des wichtigsten Berliner Klavierbauers, Heinrich Kisting). Der Rezensent der BERLINER NACHRICHTEN VON STAATS- UND GELEHRTEN SACHEN erlaubte sich sogar, vielleicht als erster, eine kritische Bemerkung in Bezug auf das Geschlecht der Pianistin und

---

15 Ebenda.
16 Ebenda.
17 Brief vom 2.12.1823, zit. nach Józef Mirski, Maria Mirska (Hrsg.): Maria Szymanowska. Materiały biograficzne, sztambuchy, wybór kompozycji. Kraków 1953, S. 29.
18 ALLGEMEINE MUSIKALISCHE ZEITUNG, 8.1.1824, Nr. 2, Sp. 20.

schrieb: »Damen passirt es leicht, daß sie bei den kühnen Sprüngen mit den Fingern sich ein wenig überstürzen, wo sich dann, besonders im Baß, statt des Ton's das Holz hören läßt (so tüchtig übrigens der Kistingsche Flügel war.)«[19] Die gesellschaftliche Resonanz auf die Konzerte muss jedoch vorteilhaft gewesen sein, denn einen Monat später beschloss Maria Szymanowska, erneut aufzutreten. Nun war der Saal nicht nur ausverkauft, sondern es fanden sich auch Personen, die höhere Preise boten, nur um eine Karte zu ergattern. Am Vormittag des 7. Januar, also schon im Jahr 1824, spielte sie Beethovens *Quintett* op. 16, das *Klaviertrio* von Louis Ferdinand von Preußen sowie Fields *Rondo alla Polacca*. Im Adlerschen Saal Unter den Linden 76 fand sich erneut der ganze Hof ein, und das finanzielle Ergebnis des Konzerts war in jeder Hinsicht befriedigend.

Am Tag nach diesem Konzert verließ Maria Szymanowska Berlin. Begleitet wurde sie weiterhin von Kazimiera und ihrem Bruder, allerdings einem anderen, denn aus Warschau war Stanisław gekommen, um sich den Schwestern anzuschließen, während sich Karol nach Hause aufmachte. Im Januar konnte Szymanowska noch in Braunschweig und dann in Hannover auftreten. Danach machte sie in Kassel Station, wo Louis Spohr sich mit einem Rätsel-Kanon in ihr Stammbuch eintrug. Der nächste Haltepunkt des geschwisterlichen Trios war Frankfurt am Main, wo sie sich die Sehenswürdigkeiten anschauten, darunter Goethes Geburtshaus. Im unweit gelegenen Offenbach besichtigten sie das Notenlager eines dortigen Verlegers (vielleicht André). Karol fuhr derweil in der entgegengesetzten Richtung, und zwar mit der vierspännigen Kutsche, mit der sie ein halbes Jahr zuvor aus Warschau abgereist waren. Er nahm außerdem einen Teil des Gepäcks der Schwestern mit, darunter sicher auch das Reiseinstrument. In einem Brief an die Eltern erläuterte er, dass es zu hohe Kosten nach sich gezogen hätte, wenn sie den Wagen in Berlin gelassen hätten, damit er dort auf Maria warte. Denn man ging davon aus, dass dieses Warten gar »mehrere Jahre« hätte dauern können. Nach den Erfolgen in den deutschen Fürstentümern machte sich seine Schwester nämlich zu den attraktivsten Zielen auf, die es für Musiker geben konnte: Paris und London.

---

19 Berlinische Nachrichten von Staats- und gelehrten Sachen, 13.12.1823, Nr. 149 (zit. nach Bischler, Ein weiblicher Hummel, S. 91).

In Paris

Ende Februar traf Maria Szymanowska in Paris ein. Die Kunde von ihrer Ankunft wurde von der Presse bekanntgegeben. Für diese mediale Begrüßung hatte sicherlich ihr Vetter Franciszek gesorgt, der sich hier schon seit einiger Zeit aufhielt, und zwar – wie wir dies heute sagen würden – aufgrund eines Burnouts. Er galt als einer der besten polnischen Juristen, trat als Anwalt vor dem Höchstgericht auf und hatte sich für zahlreiche schwierige Fälle eingesetzt, weshalb er aufgrund von Arbeitsüberlastung seine Gesundheit einbüßte. Auf ärztlichen Rat hängte er seine Anwaltskarriere an den Nagel und zog mit seiner Familie für eine Zeitlang nach Paris.

Maria Szymanowska brachte wie immer viele Empfehlungsschreiben mit. Darunter befand sich ein ungewöhnlicher, der jedoch den Dichter verriet. Johann Wolfgang von Goethe schrieb nämlich an Alexander von Humboldt, der sich seit einiger Zeit in Paris aufhielt: »Da Sie zu den Naturforschern gehören, die Alles durch Vulcane erzeugt halten, so sende ich Ihnen einen weiblichen Vulcan, der alles vollends versengt und verbrennt, was noch übrig ist.«[1] Die Pianistin knüpfte sofort Kontakte, wobei sie bei der wichtigsten Persönlichkeit in den musikalischen Kreisen begann, bei Luigi Cherubini, dem Direktor des Konservatoriums. Zeugnis für die rasche Übereinkunft war eine Eintrittskarte, die ihr Cherubini am 21. Februar für ein Konzert im Palais des Tuileries zuschickte. Der Geiger Pierre Baillot, eine zentrale Person des musikalischen Lebens in Paris, erklärte sich dazu bereit, sich an einem Konzert von Maria Szymanowska zu beteiligen. Ähnlich verhielt sich »das erste Pariser Violoncello«, Louis Norblin, wobei er der Künstlerin bei dieser Gelegenheit ein *Andantino* für Cello und Klavier ins Stammbuch schrieb. Aus der Korrespondenz geht hervor, dass sie bei Konzerten war und in der Oper *Beniowski* von François-Adrien Boieldieu sehen konn-

---

1 von Müller, Unterhaltungen, S. 78.

te, woraufhin kurz danach der Komponist selbst ihr einen Auszug aus seiner Oper ins Stammbuch schrieb. Sie kümmerte sich auch um ihre verlegerischen Belange, sodass der Verlag Hanry 12 Etüden aus ihrer früheren Sammlung von 20 Präludien und Etüden veröffentlichte und dazu noch das *Nocturne As-Dur*, und zwar mit dem die Einbildungskraft anregenden Titel *Le Murmure*, also »Das Murmeln«.
Szymanowskas Debüt vor der Pariser Öffentlichkeit fand am 5. März statt, in der Salle de M. Pape. Dort passten gerade einmal 50 Zuhörer hinein, doch das Konzert zeitigte ein breites Echo in der Presse, nicht nur in Paris, sondern auch in Warschau, London, Wilna und Wien. Der Berichterstatter beklagte sich, dass der vollgestopfte Zuschauerraum den Klang des Flügels dämpfte, und zu allem Übel waren von draußen die Rufe von Händlern zu hören, die es nicht erleichterten, sich auf die Musik der großen Pianistin zu konzentrieren. Das Programm war zudem kammermusikalischer Natur, konnte also leicht übertönt werden. Im ersten Teil erklang Beethovens *Quintett* op. 16, dann führte Szymanowska im Trio gemeinsam mit Baillot und Norblin Hummels Variationen über die beliebte französische Romanze *Sentinelle* auf. Instrumental- und Vokalwerke wechselten einander ab, eine Arie wurde von Giuditta Pasta gesungen. Nach der Pause war das Repertoire noch luftiger: Zu Beginn spielte Maria Szymanowska zwei Polonaisen, Baillot ließ Geigenvariationen hören, dann gab es eine Arie, und zum Schluss rückte sich die Pianistin noch einmal ins rechte Bild und spielte ein stimmungsvolles *Nocturne* von Field sowie ein virtuoses *Rondo* von Klengel. Ende März und Anfang April gab Maria Szymanowska noch drei weitere Konzerte. Das letzte von ihnen war ursprünglich im Saal des Konservatoriums geplant, fand aber außerhalb von Paris statt, in Versailles, was der Wiener Berichterstatter mit unverhohlener Erleichterung kommentierte: endlich ein ordentlicher Saal. Diesmal trat Szymanowska mit Orchesterbegleitung auf, wobei das Programm aus der typischen Zusammenstellung von Vokal- und Instrumentalmusik bestand.
Nach dem Ablauf von gerade einmal zweieinhalb Monaten begannen die Geschwister Wołowski mit den Vorbereitungen für die Weiterreise, wobei sie eine ganz neue Erfahrung machen wollten, nämlich die Überquerung des Ärmelkanals. In einem Brief an die Eltern nahm Maria Szymanowska Bezug auf das nahende Osterfest (das damals am 18. und

In Paris

Abb. 12: Fotografie eines Porträts von Maria Szymanowska von Nicolas Jacques, 1824.
Quelle: cyfrowe.mnw.art.pl.

19. April gefeiert wurde), welches sie erstmals fern von ihrer Familie verbringen musste: »Kazia hat schon alles beschrieben, also bleibt mir nichts anderes als festzustellen, dass mir heute etwas traurig war, dass ich weder Osterkuchen noch meine Töchter in festlicher Kleidung sehen konnte«.[2] Sie informierte auch über den Fortgang der Arbeit an den Porträts, mit denen sie den geschätzten Maler Nicolas Jacques beauftragt hatte. »Kazias Porträt ist ihr so ähnlich, dass man es schwer ausdrücken kann. Meines wird auch litographiert, aber ich habe weder Zeit noch Geduld, die *séances* abzusitzen, also weiß ich nicht, ob es gelingen wird.«[3] Jacques

2 Syga/Szenic, Maria Szymanowska, S. 297.
3 Ebenda.

malte Maria Szymanowska als Brustbild, sitzend, mit einem weißen, tief ausgeschnittenen Kleid und einem Turban auf dem Kopf – einer damals beliebten Kopfbedeckung, die an die Orientmode erinnerte (»Wie Frau de Staël es liebte, Turbane oder Barette zu tragen, die damals sehr in der Mode waren, und wie sie ihr merkwürdig standen«, schrieb Morawski viele Jahre später).[4] Abgeschlossen wurde das Porträt aber erst im Herbst, nach einem weiteren Aufenthalt der Künstlerin in Paris (Abb. 12).

Die drei Wołowski-Geschwister verließen Paris zusammen mit einer für den Aufenthalt in London engagierten Bediensteten am 20. April. Direkt vor der Abreise schrieb Stanisław an seine Eltern: »Ich bin mit den Pässen von der Polizei zurückgekommen, es waren zwei Tage mit Besorgungen – morgen um 8 Uhr früh reisen wir unweigerlich ab (…). Obwohl wir morgen früh abreisen, konnte sich Maria nicht von einem Abend bei Frau Cherubini herausreden …«.[5] Unterwegs machten sie vier Tage in Abbeville unweit der Mündung der Somme in den Ärmelkanal Station, wo Maria Szymanowska ein Konzert gab. »Nach Abzug der Expensen [Ausgaben] nahmen wir mehr als 400 Fr. ein«, schrieb Kazimiera anschließend nach Warschau.[6]

---

4 Morawski, W Peterburku, S. 171.
5 Brief vom 18.4.1824, zit. nach Mirski/Mirska, Maria Szymanowska, S. 30.
6 Brief vom 24.5.1824, ebenda, S. 31.

Gefühl bis in die Fingerspitzen

Anders als die heutigen Tastenlöwinnen und Tastenlöwen spielte die »Königin der Töne« ausschließlich zeitgenössische Werke. In ihren Programmen tauchten am häufigsten die Namen Johann Nepomuk Hummel, August Klengel und John Field auf. Zu ihrem Repertoire gehörte ein Klaviertrio von Beethoven und sein *Klavierquintett* op. 16. Gelegentlich finden sich Hinweise auf Werke von Johann Dussek, Friedrich Kalkbrenner und Ferdinand Ries – dreier Klaviervirtuosen der Zeit, die konzertierten und eigene Werke komponierten. In den Berichten von Szymanowskas Konzerten tauchen nur zwei Namen von damals bereits verstorbenen Komponisten auf – Mozart (sie spielte sein *Klavierquartett Es-Dur*) und Louis Ferdinand von Preußen *(Klavierquartett)*. Und nur ein Landsmann war darunter – Michał Kleofas Ogiński, dessen Polonaise sie privat häufig spielte, allerdings nicht die, an die man heute beim Namen Ogiński unweigerlich denkt, nämlich an die in Polen überaus bekannte Polonaise »Abschied vom Vaterland«, sondern die *Polonaise-Favorite* (F-Dur).
Maria Szymanowskas Repertoire unterschied sich somit deutlich von den Programmen, wie wir sie aus den Konzertsälen des 20. und 21. Jahrhunderts kennen (erst Clara Wieck führte in der Saison 1837/1838 erstmals bei öffentlichen Konzerten ungekürzte Klaviersonaten von Beethoven auf, wodurch sie eine kontroverse Debatte über die Eignung dieser Sonaten für den Konzertsaal auslöste). Dafür gab es zwei Gründe. Der eine war die beschränkte Zugänglichkeit des Repertoires. Heute bestellen Orchester Notenmaterial bei den Verlegern oder sie haben eigene Bibliotheken, und bei der Zusammenstellung von Programmen können sie aus hunderten, ja tausenden von Werken auswählen. Szymanowska hingegen reiste vermutlich mit ihrem eigenen Orchestermaterial und stellte es in den Städten, in denen es keine ständigen Orchester gab, den für ihre Konzerte angestellten Musikern zur Verfügung. Beide Hummel-Konzerte in a-Moll und h-Moll, die sie am häufigsten auf ihr Programm setzte, waren 1821 gedruckt worden, und Klengels Konzert war vier Jahre zuvor erschienen.

Alle kamen bei Breitkopf & Härtel heraus, so wie auch zahlreiche Werke von Maria Szymanowska selbst.

Der zweite Grund für diese Programme war die Magie der Virtuosität. Am wirkungsvollsten konnte sie sich in Werken in Szene setzen, die von Pianisten selbst komponiert worden waren. Auf derlei Stücke, die mit dem Gedanken daran geschrieben worden waren, das Publikum mit sanglichen Melodien zu verzaubern und noch viel mehr mit effektvollen technischen Kunststücken zu beeindrucken, griff man deshalb am liebsten zurück. Die Zeiten von Mozart und Beethoven sollten erst noch kommen. Chopin konnte ironisch von »Glanzstückchen« schreiben, doch wenn man ins Konzert ging, erwarteten die meisten Zuhörer gerade dies – und Szymanowska wusste das nur zu gut. Davon, dass sie solchen Erwartungen entsprechen wollte, erfahren wir zum Beispiel aus einem Brief, den im Herbst 1831 Józef Elsner an keinen geringeren als Chopin schrieb:

> Ich erinnere mich daran, dass Frau Szymanowska (…), nachdem sie aus England zurückgekehrt war, um bei uns Konzerte zu geben, bei einer Probe bei sich rote Bleistifte herumreichte, um hier und da einige Takte im h-Moll-Konzert von Hummel zu streichen, obschon sie es zuvor schon selbst gekürzt hatte. Mehr noch, Variationen, an deren Verfasser ich mich nicht erinnern kann, erlagen demselben Schicksal wie der arme Hummel, und sie fügte dort noch ein Andante von Field ein. Das ist ein Missbrauch! Wir sollten nur Frau Szymanowska hören und nur ihre Finger bewundern.[1]

Maria Szymanowska war in ihrem Vorgehen nicht alleine. Ein freier Umgang mit der aufgeführten Musik war bei Sängerinnen und Sängern geradezu notorisch, die Arien aus anderen Opern in Aufführungen einbauten, nur um den Applaus des Publikums einzuheimsen.

Schon das Cembalo hatte es ermöglicht, mit Figurationen, Läufen und Passagen zu brillieren, oder auch mit einer anderen imponierenden Klangattraktion, nämlich mit Akkorden, wie sie sonst lediglich auf der Orgel oder im Zusammenspiel mehrerer Musiker zu erreichen waren. Wegen der

---

1 Józef Elsner an Fryderyk Chopin, 27.11.1831, übersetzt nach: Zofia Helman, Zbigniew Skowron, Hanna Wróblewska-Straus (Hrsg.): Korespondencja Fryderyka Chopina. Bd. 2, Teil 1, Warszawa 2017, S. 78.

fehlenden Möglichkeiten, langsame dynamische Veränderungen umzusetzen, eigneten sich jedoch weder das Cembalo noch die frühen Klaviere dazu, Gesang nachzuahmen, ganz anders als dies bei der Geige der Fall war. Und Vokalmusik stand insgesamt noch am höchsten im Kurs. Doch Maria Szymanowska, die von einer sich immer weiter entwickelnden Klaviertechnik profitierte, ließ das Instrument unter ihren Fingern zu einem – wie man damals sagte – »Instrument der Seele« werden. Die erste Stimme eines davon begeisterten Zuhörers war nach einem Konzert zu vernehmen, das sie im Mai 1823 im Warschauer Nationaltheater gegeben hatte. In dem Brief eines »Musikkenners« an die Redaktion der GAZETA KORESPONDENTA WARSZAWSKIEGO I ZAGRANICZNEGO wurden die größten Vorzüge ihres Spiels folgendermaßen dargestellt:

> Nachdem ich so oft vom außergewöhnlichen Talent der Frau Szymanowska gehört hatte, erwartete ich sehnsüchtig den Augenblick, in dem ich sie hören würde, und stellte mir vor, dass ein selbstständiges Talent, das sich nicht in der Gesellschaft anderer Vorbilder entwickelt hat, nichts Besonderes haben wird, und dass sie nach dem Auftritt Steibelts, den wir hier vor einigen Jahren gehört haben, einen mittelmäßigen Eindruck machen wird, sodass der Beifall, mit dem man sie belohnen wird, eher Ausdruck der Höflichkeit des Publikums ist. Am 6. d. M. hat mich Frau Szymanowska jedoch eines Besseren belehrt. Ich habe ein so begeisterndes Spiel vernommen, dass ich sagen konnte: »Das war noch mehr, noch besser als man mir zuvor gesagt hatte.« Welch einfaches und begeisterndes Spiel! Welche Harmonie! Welche Sensibilität! (…) Frau Szymanowska beherrscht dieses Instrument auf eine Weise, dass sie sein Scheppern in einen Gesang verwandelte, ganz ähnlich einer Stimme, sie verlieh ihm eine berührende und erhebende Seele, sie verstand es auch, den Zuhörern alle Gefühle zu vermitteln, mit welchen die Werke der Hummels und Fields gemalt sind. Zudem verlieh sie ihnen Abwechslung durch so abrupt abgebrochene Noten, dass dies dem Ausbruch von Flammen glich.[2]

---

2 GAZETA KORESPONDENTA WARSZAWSKIEGO I ZAGRANICZNEGO, 9.5.1823, S. 1 f.

Ähnliche Töne begegneten später in Kritiken in der deutschen Presse. In seinem Bericht über einen Auftritt von Maria Szymanowska in Dresden hob der Korrespondent der Wiener Zeitschrift für Kunst, Literatur, Theater und Mode hervor, dass in Zeiten, in denen es so viele herausragende Pianisten gibt und es nicht leicht sei, dem Publikum zu imponieren, »uns die liebenswürdige Polin durch eine Seite [überrascht], die sie dem Instrument abzulocken versteht, wie wir nie zuvor es hörten, dieß ist: seelenvolle Innigkeit und echt grandioser Styl. Sie hat bey einem höchst gefühlvollen Vortrag eine so seltne Festigkeit und unerschütterliche Sicherheit, wie man sie fast nie vereinet findet.«[3]

In ihrem Bericht vom Empfang in Leipzig schrieb Szymanowska an ihre Eltern: »hier sagen *die Könner*, dass ich nicht spiele, sondern deklamiere«.[4] Eine Bestätigung dieser Auffassung findet sich in einer umfangreichen Kritik, die nach dem Konzert erschien:

> Man kann ihr Spiel wahrhaft geistreich und begeisternd nennen: es ist glänzend und voll Energie, ohne sich in den Sprüngen zu gefallen, welche an der Tagesordnung sind; ihre höchste Meisterschaft aber besteht in dem eleganten Ausdruck, der eben weil die Kraft in so hohem Grade ihm zur Seite steht, nie schwach und weichlich werden kann, und in einer Articulation des Spiels, welche, auf Vollendung des Technischen gegründet, alle Zustände der Seele in ihrer Tiefe und Mannichfaltigkeit und dem schönsten Verhältnisse von Licht und Schatten zeigt. Ihre Fertigkeit und Präcision (…) steht mit der schwärmerischen Seele ihres Vortrags in so inniger Beziehung, daß ihre Passagen dem aufmerksam Zuhörenden, – es ist aber nicht bloß erlaubt, sondern höchst genußreich sie auch vortragen zu sehen – als Worte erscheinen, die das wogende Gefühl einer reich belebten Brust ausströmen.[5]

Nach ihrem zweiten Konzert in Leipzig begeisterte man sich noch mehr als an der Technik, welche die Pianistin in den Werken von Klengel und

---

3   Wiener Zeitschrift für Kunst, Literatur, Theater und Mode, Nr. 127, 23.10.1823, S. 1042 f. (zit. nach Bischler, Ein weiblicher Hummel, S. 70).
4   Brief vom 14.10.1823, zit. nach Mirski/Mirska, Maria Szymanowska, S. 26.
5   Journal des Luxus und der Moden, November 1823, H. 103, S. 847 f., zit. nach Bischler, Ein weiblicher Hummel, S. 72 f.

Hummel an den Tag legte, an der gefühlvollen Interpretation von Fields *Nocturne*, und der Kritiker des Journals für Literatur, Kunst, Luxus und Mode beschränkte sich in seiner Beschreibung von Szymanowskas Spiel nicht nur auf Worte der Begeisterung, sondern beschrieb seinen Leserinnen und Lesern auch die Art und Weise, wie sie diesen Effekt erzeugte:

> Hummel's schwieriges Concert trug sie mit einer Kraft und Zartheit, Fertigkeit, Präcision und Rundung vor, die alles in Erstaunen setzte, und welcher ohne Zweifel selbst der Meister, der, von jeder unedlen Rücksicht entfernt, seit seinem Petersburger Aufenthalte zugleich ein werther Freund der Künstlerin ist, wäre er zugegen gewesen, gewiß volle Gerechtigkeit würde haben angedeihen lassen. Trotz den gehäuften technischen Schwierigkeiten dieser Musikgattung, welche nach hergebrachter Weise den höchsten Aufwand mechanischer Kraft und Fingerfertigkeit in Anspruch nimmt, überhaupt aber dem ausführenden Künstler nicht eben viel Zeit und Raum läßt, seine eigene geistige Subjectivität mit zu entfalten, leuchteten doch schon alle Eigentümlichkeiten des Vertrags hervor, wodurch sich diese Künstlerin hauptsächlich auszeichnet.
> Das Quintett von Beethoven gab hierzu noch weitere erfreuliche Gelegenheit, und wir können uns nicht versagen, bei diesem geistigen Theile ihres Spieles, dem bedeutungsvollem, noch einen Augenblick zu verweilen. Mit dem feinsten weiblichen Zartgefühl erfaßt sie den Geist des Tonstücks, und die Andeutungen des Dichters über den Vortrag im Wesentlichen beachtend, stellt sie zwar jenen getreulich dar, aber er wird durch ihre Genialität gleichsam zu einem neuen Gebilde. Die Tiefe ihres Gemüthes und die Kraft ihrer schöpferischen Phantasie statten ihn mit einem Reichthume der mannigfaltigsten Schattierung und Darstellungsformen aus, welche, von den kräftigen Forte's bis zu den anmuthigsten und zartesten der Aeolsharfe nachgehauchten Verzierungen, der Künstlerin wie ein Farbenapparat zu Gebote stehen. Die Natürlichkeit, womit jenes geschieht, das Markirte und Pikante, welches sie ihrem Vortrag beimischt, und die, man möchte sagen, oft muthwillige und anmuthig-kecke Weise, womit sie nicht nur auf, sondern mit dem

> Instrumente spielt, lassen es bald ganz vergessen, daß etwas Mechanisches zum Grunde liegt, erwecken vielmehr das Gefühl, daß sich mit schrankenloser Freiheit die Empfindung in dem reizenden Tonelemente bewege. Gesteigert wird jenes noch durch die geistreiche Zwanglosigkeit, womit sie den Tact und die größtentheils sehr gemäßiget gewählten Tempi's, bald anhaltend, bald beschleunigend handhabt.[6]

Hervorzuheben ist die metaphorische Beschreibung des Flügels unter den Händen der Pianistin als »Farbenapparat«, im Gegensatz zu seiner »mechanischen« Natur. Die rhythmische Freiheit, die im letzten Satz erwähnt wird, würden wir heute Rubato nennen.

In einem ähnlichen Ton rühmte die Polin später der Verfasser einer Korrespondenz, die in der englischen Zeitschrift THE HARMONICON erschien. und wo er schrieb: »eine gefeierte Interpretin auf dem Klavier, die große Begeisterung hervorrief, sowohl durch die Kraft der Ausführung als auch durch das Gefühl und den Ausdruck, die sie in ihr Spiel legte«.[7] Der KURYER LITEWSKI berief sich auf die Pariser Presse und die Stimme eines dortigen Musikliebhabers, der, nachdem er Maria Szymanowska im Salon der Fürstin Berry gehört hatte, seiner Begeisterung Ausdruck verlieh und schrieb:

> Die größten Schwierigkeiten bewältigend, hat Frau Szymanowska versucht, aus dem Flügel jegliche Ausdruckskraft herauszuholen, über welche dieses Instrument verfügt, und in dieser Hinsicht ist ihr Spiel bewundernswert. (...) Es ist über Sophie Arnould gesagt worden, dass sie Tränen in der Stimme hatte, und von Frau Szymanowska könnte man sagen, dass sie Gefühl bis in die Fingerspitzen hat. Unter ihrer Hand produziert der Flügel keinen leeren Klang, sondern er meldet sich in einer Sprache, die das Herz anspricht, es begeistert und erweicht.[8]

---

6 JOURNAL DES LUXUS UND DER MODEN, November 1823, H. 109, S. 889–892, zit. nach Bischler, Ein weiblicher Hummel, S. 82 f.
7 THE HARMONICON. A JOURNAL OF MUSIC 2 (1824), H. 19 (Juli), S. 133, zit. nach Bischler, Ein weiblicher Hummel, S. 75.
8 KURJER LITEWSKI, 7.3.1824, Nr. 29.

Man wies darauf hin, dass das Spiel von Maria Szymanowska ungemein präzise gewesen sei. Auch wurde auf etwas hingewiesen, was man heute als sexistisch abtun würde, was damals aber als Selbstverständlichkeit empfunden wurde, dass sie nämlich, obwohl sie eine Frau sei, eine außergewöhnliche Anschlagskraft besitze. Schon allein ihr Erscheinen auf der Bühne berücksichtigte die Tatsache, dass sie eine Frau war, denn aus Gründen der Galanterie wurde sie vom Dirigenten oder von einem anderen Mann in den Saal geleitet. In den Kritiken wurde auch das Aussehen der Künstlerin kommentiert. Anerkennend hieß es, dass sie sich mit solcher Anmut an das Instrument setze, dass alleine ihr Anblick Freude bereite. Ein Zuhörer war von der Grazie begeistert, mit der sich ihre Hände über die Tasten bewegten, und gelangte zu folgendem Schluss: »die Verbindung eines so subtil schönen Bildes mit einem künstlerischen Erlebnis kann in lebendigeren Phantasien den Eindruck erwecken, dass eine Nixe zu uns spricht in der Sprache der Töne und die Zuschauer in ein Märchenland mitnimmt.«[9] Nach einem Pariser Auftritt hieß es sogar, dass die Künstlerin »Heilige verführen könnte«, womit sowohl ihr Spiel als auch ihr Aussehen gemeint war. Mancher einer überlegte sich deshalb, ob die anziehende Erscheinung nicht dazu führte, dass Szymanowskas Spiel höher geschätzt wurde, als es dies eigentlich verdient gehabt hätte. Wir kennen schließlich die bissige Bemerkung des 16-jährigen Felix Mendelssohn-Bartholdy nach einem Gespräch mit Goethe über sie: »Die Chimanowska steht hier in solchem Ansehn, daß sie heute über Hummel gesetzt wurde; ich swieg mäuschenstille, und wunderte mich. Man hat, wie mirs scheint, ihr hübsches Gesicht mit ihrem nicht hübschen Spiel verwechselt.«[10]

---

9 Syga/Szenic, Maria Szymanowska, S. 276 (Auszug aus einem Bericht des JOURNALS FÜR LITERATUR, KUNST, LUXUS UND MODE, November 1823).
10 Abraham Mendelssohn Bartholdy und Felix Mendelssohn Bartholdy an Lea, Fanny, Rebecka und Paul Mendelssohn Bartholdy in Berlin. Weimar, 13.3.1825. In: Juliette Appold, Regina Back (Hrsg.): Felix Mendelssohn Bartholdy. Sämtliche Briefe, Band 1, 1816 bis Juni 1830, Kassel ²2012, S. 143.

Londoner Honorare

»Ich bekomme Briefe ohne Ende, und die Londoner Zeitungen haben meine Ankunft bekanntgegeben. Wir werden uns bemühen, sparsam zu leben, die Teuerung soll dort außerordentlich sein«, berichtete Szymanowska über ihre nächsten Pläne im Frühjahr 1824.[1] Tatsächlich stand London im Ruf, eine sehr reiche, aber deshalb auch teure Stadt zu sein, doch wenn ein Musiker auf sich aufmerksam machen konnte, hatte er die Chance, hier ein Vermögen zu verdienen. In der Hoffnung auf derlei Gewinne reisten die Geschwister Wołowski also nach London, und am 6. Mai unterrichtete THE MORNING POST ihre Leser über die Ankunft der polnischen Pianistin und äußerte die Hoffnung, »that the lovers of music in the British Metropolis will have the opportunity of judging those talent, which have been much eulogized on the Continent«.[2] Eine Gelegenheit hierzu gab es schon vier Tage später, da Maria Szymanowska – wie es später hieß: hervorragend – Hummels *Klavierkonzert a-Moll* spielte, und zwar als Hauptattraktion bei einem Abonnementskonzert, das mit symphonischen, kammermusikalischen und natürlich auch vokalen Werken angefüllt war.

Bei ihrem Aufenthalt in London hatte Maria Szymanowska die Gelegenheit, die technisch damals am weitesten entwickelten Flügel der Firma Broadwood & Sons zu nutzen. Deren Klaviatur war breiter als bei kontinentalen Instrumenten und umfasste sechseinhalb Oktaven. Sie ermöglichten auch eine größere Differenzierung der Dynamik und der Artikulation, was für die Pianistin wohl am wichtigsten war. Ein solches Instrument lieh sich die Pianistin also aus. Aufgrund der Sorgfalt der Mitarbeiter der Klavierbaufirma wissen wir auch heute noch, wo ihre Kundin abgestiegen war und wo sie auftrat. Die Stimmung bestellte sie für den

---

1 Brief vom 18.4.1824, Mirski/Mirska, Maria Szymanowska, S. 30.
2 THE MORNING POST, 6.5.1824 (Nr. 16.654), S. 3, zit. nach Bischler, Ein weiblicher Hummel, S. 110 f.

Londoner Honorare

8. Mai und gab dabei eine Adresse in der Nähe des Firmensitzes an: 34 Golden Square. Der »Goldene Platz« war einst bebaut worden, um dem Adel Winterwohnungen in der Stadt zu bieten. Seit dem 18. Jahrhundert zogen hier auch Diplomaten und Künstler ein. Auch Verkäufer von Cembalos und später von Klavieren kamen hinzu, darunter Broadwood, der seinen Salon im Haus Nr. 9 eröffnete. Indem sie ihre Wohnung an einem solchen Ort mietete, ließ sich Szymanowska, anders als sie dies ihren Eltern geschrieben hatte, nicht so sehr vom Wunsch nach Sparsamkeit leiten, sondern von der Wahl einer guten Lage, die Kontakte erleichterte. Sie wollte Stunden geben und Konzerte organisieren. Einen Eindruck vom Anfang ihres Aufenthalts in London gibt ein Brief von Ende Mai. Er wurde von Kazimiera begonnen:

> Was Marynias [Marias] Geschäfte betrifft, so hat sie am gestrigen Tag zwei Unterrichtsstunden für je eine Guinee bekommen; von einer, die sie schon seit ein paar Wochen hat, haben wir schon geschrieben. Das Konzert soll nun am 10. Juni gegeben werden, im selben Saal, in dem Rossini aufgetreten ist. Da es hier ständig Abende und Bälle gibt, haben einige hervorragende Damen meine Schwester bewogen, ein Konzert vor dem Mittagessen zu geben, und noch mehr hat sie Krammer[3] dazu überredet, der vor drei Tagen in ebenjenem Saal ein Konzert vor dem Mittagessen gegeben hat und viel Publikum hatte. Viele Damen, angefangen bei Frau Liewen [Lieven], wollen sich bemühen, Eintrittskarten zu verteilen, doch einen höheren Preis als eine halbe Guinee kann man nicht ansetzen. Krammer und die Catalani[4] nehmen auch nicht mehr, und Rossini, der den Preis auf 1 Guinee angesetzt hatte, musste ihn einige Tage vor dem Konzert reduzieren, da er sah, dass die Karten nicht verkauft werden. Gestern waren wir zum Abend bei Graf St-Antonio, wo sich viele Personen befanden, Rossini und Frau waren auch da. Marynia spielte vorzüglich, und Rossini, der beim Klavier saß, lobte jede Note mit großer Wertschätzung. (...) Wir sind in großer Freundschaft, er soll dieser Tage zu uns kommen und

3 Gemeint ist Johann Baptist Cramer (1771–1858), ein in Mannheim geborener, in England aufgewachsener Berufsmusiker (Anm. d. Übers.).
4 Angelica Catalani (1780–1849), berühmte italienische Opernsängerin (Anm. d. Übers.).

möchte, dass ich ihm singe... Duke Wellington war gestern beim Abend, die Gesellschaft bestand aus den hervorragendsten Personen, es war auch Fürst Sergej Golizyn da, der uns [Polen] nicht unbedingt gut ist. Frau Abreskoff und Fräulein Soumarokoff waren auch bei dem Abend, wir saßen zusammen und starben vor Lachen, als die Gastgeberin – dick wie ein Fass – mit drei ausgesuchten Liebhabern Rossinis Quartett so falsch intonierte, wie ich es in meinem Leben noch nicht gehört habe. Ich erwarte, mit der nächsten Post meinen teuren Eltern mehr Details über das Konzert berichten zu können, bislang sind wir versichert, dass Pasta und Garcia, ein erstrangiger Sänger von hier, singen werden; Krammer hat angeboten, das Konzert zu dirigieren, Kiesewet[t]er[5], einer der besten Geiger, wird spielen; Frau Szym[anowska] hat auch ihre Bedeutung in der musikalischen Welt, weshalb wir an einem guten Erfolg nicht zweifeln; mit 3 Schülern für je eine Guinee die Stunde kann man mit einem ständigen Einkommen bis zum Ende des Aufenthalts rechnen. Doch alle Künstler und andere beharren darauf, dass Marynia zum nächsten Frühjahr hierher zurückkehren müsse, spätestens im März, denn so könnten ihre Bekannten, die über ihr Eintreffen unterrichtet werden, ihr Stunden besorgen; in den wichtigeren Häusern, in denen Marynia spielt, schicken sie ihr am nächsten Tag je 10 Guineen. Am Freitag wird sie auf einem Abend dieser Art bei Duke Northumberland sein. Die Direktion des philharmonischen Saals hat ihr 20 [Guineen] geschickt, weil sie bei ihrem Konzert gespielt hat. Diesen Brief habe ich gestern zu schreiben begonnen, heute aber ist es zu einer Änderung gekommen, da die Direktion der alten Konzerte (concerts anciens), an deren Spitze der Erzbischof von York steht, durch Vermittlung der Damen Marynia für den 10. Juni einen Saal am Hanover Square angeboten hat. Wir sind also langsam mit dem Konzert beschäftigt.[6]

Am folgenden Tag setzte Maria den Brief fort:

---

5 Christian Gottfried Kiesewetter (1777–1827), deutscher Geiger (Anm. d. Übers.).
6 Brief vom 24.5.1824, Mirski/Mirska, Maria Szymanowska, S. 30 f.

Lady Rose, bei der wir gestern auf dem Ball waren, hat mir kostenlos einen Saal beschafft, dessen Miete 35 Guineen kostet, worüber ich gar nicht zürne. – Das Konzert habe ich bislang nicht öffentlich annonciert, da ich die Absicht hatte, es in einem Privathaus zu geben, so wie in Moskau, doch man konnte keinen größeren Saal als für 150 Personen bekommen, was die Mühe nicht wert war. Catalani wollte in einem Privathaus singen. Auf einem öffentlichen Konzert kann sie es nicht, da ihre Abmachung mit der Direktion ihr dies nicht gestattet. Der König leidet stets an Gicht. Fürst Lieven[7] hat ihm einen Brief geschickt. Die Konzerte finden hier immer sous le patronage einer großen Persönlichkeit statt. Meines wird unter Obhut der Duchess of Clarence [die Frau des Thronfolgers, D. G.] stattfinden. Heute habe ich 3 Stunden Unterricht gegeben, also habe ich £ 7 verdient. Wenn ich im Januar eingetroffen wäre, hätte ich 10 Stunden am Tag gehabt. So machen Künstler hier ein Vermögen. Konzerte führen zu großen Ausgaben. Ich habe das nicht so, da ich den Saal kostenlos habe und ihn nicht beleuchten werde.[8]

Das Konzert fand in den Hanover Square Rooms statt, am 11. Juni »pünktlich um zwei«, wie es auf der Eintrittskarte hieß, da man die Gepflogenheiten des Publikums offensichtlich gut kannte. Der Preis für eine Karte war hoch, eine Guinee. Neben der Ankündigung der Solistin waren auf der Karte auch die Namen eines guten Dutzends Schirmherren des Ereignisses zu sehen, darunter drei Mitglieder der königlichen Familie.
In dieser Zeit sorgte in London Gioachino Rossini für größte Furore. Zusammen mit seiner Frau, der Sängerin Isabella Colbran, hielt er sich seit Dezember in England auf, wo man eine neue Oper bei ihm bestellte – seine 35. Er schrieb sie jedoch nie, wodurch er den Bankrott des an diesem Unternehmen beteiligten Intendanten verursachte. Selbst machte er jedoch ein Vermögen, indem er gegen schwindelerregende Honorare Vorstellungen dirigierte. Die Presse geriet darüber aus dem Häuschen und

---

7 Fürst Christroph von Lieven (1774–1839), russischer Botschafter in London (Anm. d. Übers.).
8 Mirski/Mirska, Maria Szymanowska, S. 31.

schrieb, dass er 50 Guineen für eine Aufführung genommen habe, doch darin sah man nichts Schlechtes, denn wie es in THE HARMONICON hieß, musste der *gran maestro* schließlich angemessen entlohnt werden »for the risque he encountered, and the inconvenience he endured, in crossing the abominable Straits of Dover«.[9] Stars der Opernsaison waren auch zwei Sängerinnen, gute Bekannte von Maria Szymanowska: Giuditta Pasta, die im Frühjahr in der Oper *Semiramida* unter Leitung des Komponistin Rossini auftrat – eine Partie, die fortan zu ihrer Paraderolle werden sollte – sowie Angelica Catalani, die sich langsam von der Bühne verabschiedete. Die hellsten Sternn am musikalischen Himmel waren Muzio Clementi sowie seine beiden Schüler Johann Cramer und John Field. Field kannte Szymanowska bereits aus Moskau. Nun lernte sie Cramer kennen, der seine jüngere Kollegin unterstützte, indem er sich an ihrem nächsten Konzert beteiligte. Das von Benjamin Vogel erforschte Broadwood-Archiv verrät, dass die Pianistin für diese Gelegenheit noch einen weiteren Flügel bestellte, dessen Stimmung sie am Tag und am Ort des Konzerts beauftragte, also am Sonntag, 19. Juni, in den Hanover Square Rooms.[10] Im ersten Teil waren Werke von Hummel und Field in ihrer Interpretation die Hauptattraktion. Im zweiten Teil des Konzerts sollte Rossini dirigieren, doch aus unbekannten Gründen erschien er nicht auf der Bühne, weshalb Cramer seinen Platz einnahm. In der Presse erschienen hervorragende Kritiken, in denen es unweigerlich wieder darum ging, wer von den gesellschaftlichen Größen im Saal anwesend war. Es wurde auch bemerkt, dass sich der 72-jährige Clementi persönlich in den Saal bemüht hatte.

Nach einer so glänzenden Aufnahme konnte sich Maria Szymanowska auf private Auftritte beschränken, die keine komplizierten organisatorischen Vorbereitungen erforderten, die im Übrigen weitgehend von Stanisław übernommen wurden. Bei einem Abend bei der Duchess of Kent begleitete die Gastgeberin, die zusammen mit ihrer Tochter und

---

9 THE HARMONICON, 11.6.1824. Zit. nach: Rossini in London, https://blogs.bl.uk/music/2017/02/rossini-in-london.html (Abruf: 2.1.2022).
10 Benjamin Vogel: Fortepiany Marii Szymanowskiej. In: POLSKI ROCZNIK MUZYKOLOGICZNY 2011, S. 93–108.

Prinz Leopold[11] für ihre Gäste Terzette von Paër, Mozart und Rossini sang. Bei Prinz Leopold spielte sie ein Rondo von Field (wofür sie mit 25 Livres belohnt wurde, ohne mit weiteren Ohrringen oder Halsketten beglückt zu werden). Anfang Juli erstarb das Musikleben jedoch, denn die Schülerinnen und Zuhörerinnen verließen die Stadt und begaben sich für den Sommer in ihre Landresidenzen, was Szymanowska folgendermaßen ihren Eltern mitteilte: »Ich hatte den Plan, noch ein Konzert zu geben, bei dem Catalani und die ersten hiesigen Künstler singen wollten, doch alle meine bekannten Damen und Elevinnen sind fortgefahren und ich will nicht riskieren, dass nach dem ersten so glänzenden und zahlreich besuchten Konzert das zweite unangemessen sein wird.«[12] Das gelungene Debüt legte es jedoch nahe, an eine Rückkehr zu denken, zumal: »Nirgendwo haben wir so viel Gunst, so viel Höflichkeit und Zuvorkommen erfahren *avec accompagnement des guinées* ... (...). Alle versprechen mir hier eine sehr vorteilhafte Saison für das nächste Jahr.«[13] Ebenso gute Kunde berichtete Stanisław nach Warschau, der am 13. Juli von den letzten Vorbereitungen für die Abreise schrieb:

> In diesem Augenblick bin ich von der Postkutsche zurückgekehrt, alles ist schon erledigt, gepackt. Die Pässe haben Visa, in einer Stunde fahren wir in sehr guter Laune ab, denn es ist uns hier sehr gut gegangen. Es ist nicht zu zweifeln, dass Szym[anowska] hier im nächsten Jahr viel verdienen wird, denn in diesem Land verdient man desto mehr, je länger man dort ist. Aber man muss hier spätestens im Monat Februar sein! Benelli, der Theaterdirektor, hat Marynia für ein *concert spirituel* engagiert. Morgen um 12 werden wir in Calais sein.[14]

Zu den in London verdienten Guineen kamen bald Einnahmen von weiteren Konzerten, denn gleich nach dem Überqueren des Ärmelkanals gab Maria Szymanowska ein Konzert in Abbeville. Dann hielt sie sich im

---

11 Vermutlich handelt es sich um Prinz Leopold von Sachsen-Coburg-Saalfeld, der seinerzeit in London lebte, ehe er 1831 zum König der Belgier ernannt wurde (Anm. d. Übers.).
12 Brief vom 5.7.1824, Mirski/Mirska, Maria Szymanowska, S. 32f.
13 Ebenda.
14 Syga/Szenic, Maria Szymanowska, S. 307.

Seebad Boulogne auf, »um zu baden und bei dieser Gelegenheit ein kleines Konzert zu geben«.[15] Als die Geschwister Wołowski Mitte August nach Paris gelangten, hatte Maria Szymanowska die Gelegenheit, auch hier noch einmal aufzutreten. Bei dieser Gelegenheit ermöglichte sie es dem Maler Jacques, ihr »Porträt mit Turban« zu vollenden, das zu Reklamezwecken vervielfältigt werden sollte. »Marynias Porträt ist schon beendet, bald wird es litographiert werden«, schrieb ihre Schwester. »Der Maler wollte für das Porträt nichts haben, doch die Litographie wird ihm gehören. Nach Warschau werden wir auch einige Dutzend Exemplare schicken.«[16]

Auch Rossini kehrte damals nach Paris zurück. Er lud Szymanowska zur Premiere von *La Donna Del Lago* ein, einer Oper, die erstmals fünf Jahre zuvor in Neapel aufgeführt worden war, dann setzte er für sie einen Satz Empfehlungsschreiben auf und gab Ratschläge für ihre nächste Zukunft. Die drei Wołowskis hatten nämlich beschlossen, die nächsten Monate in Italien zu verbringen. Rossini riet davon ab, einen »Vetturino« zu mieten, und pries die viel schnelleren Postkutschen an. »Wie uns Rossini versichert hat«, teilte Kazimiera ihren Eltern seinen Rat mit, »fährt man von Mailand nach Neapel mit der Post 8 Tage und mit dem Vetturino 30.«[17] Ausgestattet mit gutem Rat und Empfehlungen, machten sich die Wołowskis also nach Süden auf. Den ersten längeren Halt legten sie in Genf ein, wo bei der Organisation eines Konzerts Empfehlungsschreiben von den Familien Plater und Zamoyski behilflich waren.

---

15 Brief vom 13.7.1824, Mirski/Mirska, Maria Szymanowska, S. 32.
16 Brief vom 8.8.1824, Syga/Szenic, Maria Szymanowska, S. 308.
17 Ebenda, S. 309.

Grand Tour

Nach der Überquerung der Alpen gab Maria Szymanowska ein Konzert in Mailand. Das Orchester wurde von Franciszek Mirecki dirigiert, einem aus Krakau gebürtigen Musiker, der sich nach einigen Studienjahren in Wien in Italien niedergelassen hatte, wo er gerade als Ballettkomponist große Erfolge feierte. Galant begleitete er seine Landsmännin auf die Bühne und führte sie zum Instrument. Alles verlief ausgezeichnet, auch wenn anfangs der Auftritt von Szymanowska durch größere Störungen gefährdet war, als sie den Zuhörern im hellhörigen Saal von Monsieur Pape in Paris zusetzten, denn, wie die Pianistin ihren Eltern mitteilte: »Am Tag meines Konzerts, das Morgens stattfand, war eine Militärparade geplant. Herr Bubna befahl, sie abzusagen, damit die Offiziere am Konzert teilnehmen konnten, deshalb war der Saal auch voll.«[1] Ergänzt sei, dass nicht weniger wichtig als der volle Saal die Tatsache war, dass General Bubna, der Oberbefehlshaber in der Lombardei, die Konzertbesucher vor dem Lärm verschonte, den die Soldaten bei ihrer Parade vor den Fenstern gemacht hätten. Anschließende Belege von Freundlichkeit, ja Anerkennung waren jedoch lästiger, vor allem aber kostspieliger. »Alle Augenblicke bringt man mir Sonette vorbei«, berichtete Szymanowska, »und ich muss ihnen Zwanziger [eine Münze mit einem Wert von 20 Kreuzern] zahlen. Kazia, die Papas Kind ist, dachte sich aus, dass man jeweils nur einen einzigen geben dürfe, dann würden sie schon die Lust verlieren, Gedichte zu schreiben…«[2]

Aus dem zitierten Brief geht hervor, dass das Konzert so sehr gefiel, dass »man es sehr wünschte und vorschlug, dass ich ein zweites Konzert gebe. Ich hatte aber sehr wenig Zeit zu verlieren und beschloss, dass es besser ist, immer wieder eine andere Stadt zu sehen und sich dort hören zu lassen, denn dadurch gebe ich mehr Menschen die Gelegenheit, *il mio divino*

---

1   Brief vom 24.10.1824, Mirski/Mirska, Maria Szymanowska, S. 33–34.
2   Brief vom 24.10.1824, Syga/Szenic, Maria Szymanowska, S. 313.

talento kennenzulernen, wie das die Italiener nennen«.[3] In den Worten »immer wieder eine andere Stadt« versteckte sich gewiss auch das Geheimnis dieser Reise. Denn zwar waren die italienischen Städte eine große Attraktion für Sänger, doch Instrumentalisten zogen sie kaum an. Hundert Jahre zuvor hatte zwar der Italiener Bartolomeo Cristofori die ersten Klaviere gebaut, und ein großer Stern am Himmel der Pianistik war in der Generation vor Maria Szymanowska Muzio Clementi – ebenjener, den sie in London kennengelernt hatte, doch da sich keiner der zuvor erwähnten Virtuosen auf Konzertreise nach Italien begab, schien es offensichtlich sinnvoller zu sein, die fast 3000 Kilometer zurückzulegen, die Paris und Sankt Petersburg voneinander trennten, als die deutlich kürzere Distanz nach Rom und Neapel zu bewältigen. Eine Reise in den Süden, also die *Grand Tour*, war in jener Zeit sehr in Mode, allerdings in einem anderen Milieu, da das Bewundern italienischer Landschaften und Sehenswürdigkeiten als unentbehrlicher Bestandteil bei der Ausbildung von jungen Männern aus den besseren Kreisen galt. Unverheiratete Frauen hatten nur in Begleitung ihrer Eltern eine Chance auf eine ähnliche Reise, und verheiratete Frauen konnten mit ihrem Gemahl reisen, natürlich nur, wenn dieser Lust auf eine derartige Tour hatte. Eine Frau, die mit einer Freundin oder gar alleine und nur für die eigene Annehmlichkeit eine solche Reise angetreten hätte, hätte man für eine Exzentrikerin gehalten, und eine Ehefrau hätte man noch dazu dafür gescholten, ihre familiären Pflichten zu vernachlässigen. Die geschiedene Szymanowska musste keine Rücksicht auf die Meinung ihres Mannes nehmen, und die Honorare für ihre Konzerte deckten sowohl ihre Kosten als auch die ihrer Geschwister. Zahlreiche Hinweise in den Briefen lassen darauf schließen, dass die Wołowskis die Welt mit großem Interesse kennenlernten.

Schon bald hatten sie also die Gelegenheit, Parma zu entdecken. Am dortigen Hof wurde die Künstlerin durch ein Empfehlungsschreiben eingeführt, das ihr in Paris der gebürtige Parmenser Ferdinando Paër mitgegeben hatte. Am 28. Oktober trat sie mit Erfolg im Teatro Farnese auf. Die nächste Etappe war Florenz, wo sie Michał Kleofas Graf Ogiński traf, der bis vor Kurzem als polnischer Politiker und Diplomat tätig gewesen war, einige Monate zuvor aber seine Heimat verlassen hatte, um sich in

3 Ebenda.

der Toskana anzusiedeln. Ogiński war ein leidenschaftlicher Geiger und Komponist und erinnerte sich an Maria Szymanowska noch aus der Zeit seiner Aufenthalte in Warschau. So beschrieb er seine Eindrücke nach dem Treffen in Florenz: »die stete Pflege ihres Talentes sowie die Reisen haben ihre Spielweise unendlich perfektioniert, die nun sogar von Seiten der strengsten Kritiker nichts mehr zu wünschen übrig zu lassen scheint«.[4]
Sie blieb etwas länger in Florenz, da es in der alten Hauptstadt der Medici nicht nur ungezählte Attraktionen gab, sondern auch zahlreiche Einladungen in die vielen Salons der italienischen, polnischen und russischen Aristokratie. Rom erreichten die Wołowskis im Dezember. Leider hatte Papst Leo XII. soeben das Heilige Jahr eingeleitet, weshalb alle Theater geschlossen worden waren. Angesichts dessen war die Künstlerin gezwungen, privat aufzutreten, im Salon beim Fürsten Golizyn, der – eine Kleinigkeit! – mehrere hundert Personen fasste.

In Rom begegnete Maria Szymanowska dem dänischen Bildhauer Bertel Thorvaldsen, bei dem vier Jahre zuvor in Warschau ein Denkmal für Fürst Józef Poniatowski bestellt worden war (das heute vor dem Präsidentenpalast an der Straße Krakauer Vorstadt – Krakowskie Przedmieście – steht). Sie hatten sicherlich eine Reihe gemeinsamer Gesprächsthemen und müssen sich ausgesprochen gut verstanden haben, denn sie korrespondierten anschließend noch viele Jahre miteinander. Szymanowskas Briefe an Thorvaldsen zeichnen sich durch ihren sehr persönlichen Charakter aus; sie vertraute sich ihm auf ähnliche Weise an wie Wjasemski. Unter Leitung von Thorvaldsen arbeitete damals ein anderer Fremder aus Warschau an der Perfektionierung seiner Fähigkeiten – Józef Jakub Tatarkiewicz, der ebenfalls Nachfahre von Frankisten war und dessen Enkel Władysław als Philosoph berühmt werden sollte. Er begann mit einer Büste von Maria Szymanowska, die heute im Krakauer Nationalmuseum zu bewundern ist (Abb. 13). Wenn man sie mit dem kurz zuvor in Paris entstandenen Porträt vergleicht, so drängt sich die Frage auf, ob Tatarkiewicz sein Modell bewusst als würdige Matrone dargestellt hat, was im Fall eines Künstlers mit deutlich klassischen Neigungen verständlich wäre, oder

---

4 Michał Kleofas Ogiński: Listy o muzyce. Hrsg. v. Tadeusz Strumiłło. Kraków 1956, S. 100.

Abb. 13: Büste Maria Szymanowskas von Józef Jakub Tatarkiewicz, Nationalmuseum Krakau. Quelle: Narodowe Archiwum Cyfrowe.

ob die Intensität des Erlebens dazu geführt hat, dass die 36 Jahre alte Künstlerin deutlich ernster geworden war.

Gegen Ende Dezember verließen die Wołowskis Rom und langten am frühen Nachmittag des Silvestertags in Neapel an. Die letzte Wegstrecke muss für sie unangenehm gewesen sein, da Kazimiera ein Zahn wehtat und der Aufenthalt in der Hauptstadt des Königreichs beider Sizilien damit begann, dass ein Zahnarzt gesucht und der Zahn entfernt werden musste. Die Reisenden stiegen bei einem Kaufmann Namens Dalgas ab, der ihnen vermutlich von Thorvaldsen empfohlen worden war. Nach kur-

Grand Tour

Abb. 14: Maria Szymanowska, Ölgemälde von Aleksander Kokular, 1825.
Quelle: Wikimedia.

zer Erholung nutzten sie die Gelegenheit und begannen damit, die touristischen Attraktionen zu besuchen, mit denen Neapel und Umgebung reich gesegnet sind. Während des Besuchs von Pompeji händigte ihnen die Museumsleitung ein Mosaikstück als Geschenk für Goethe aus, der diesen Ort 38 Jahre zuvor besucht hatte. Gleich nach der Ankunft unternahm Szymanowska auch Bemühungen, um ein Konzert zu organisieren. Sie besuchte Salons, in denen sie dank der Empfehlungsschreiben sowie wegen Pressemeldungen über ihre vorausgegangenen Erfolge mit offenen Armen empfangen wurde. Wie überall traf sie Bekannte und die

Bekannten von Bekannten. Und nur deshalb gelang es ihr, eine ähnliche Situation zu vermeiden, in der sie sich in Rom befunden hatte. Nach dem plötzlichen Tod von König Ferdinand I. am 4. Januar 1825 wurde nämlich eine Staatstrauer verkündet, alle Theater wurden geschlossen. Zum Glück war der Thronfolger mit einem Konzert der Pianistin aus dem fernen Warschau einverstanden, es fand am 24. Januar im Teatro dal Fondo statt.

Gegen Ende Januar kehrte Maria Szymanowska nach Rom zurück. Eine Erinnerung an den Aufenthalt in der Ewigen Stadt ist das wohl bekannteste Porträt von ihr (Abb. 14). Gemalt wurde es von einem weiteren Warschauer, der sich damals in Rom weiterbildete, dem 32-jährigen Aleksander Kokular. Wir sehen auf ihm die Pianistin, die in einer eher königlichen als künstlerischen Pose am Klavier sitzt, hinter dem Fenster ist die Kuppel des Petersdoms zu sehen. Das Gemälde (im Format 136 × 100 cm) befand sich später im Besitz von Adam Mickiewicz (des damals bereits »posthumen« Schwiegersohns der Pianistin) und gelangte 1952 mit dem Nachlass seiner Enkelin Maria (also der Urenkelin der porträtierten Künstlerin) ins Warschauer Literaturmuseum, wo es sich bis heute befindet. Wenn man es genau betrachtet, so kann man sehen, wie sehr sich der Maler um eine realistische Darstellung der Kleidung bemüht hat. Die Noten sind so gemalt, dass man meinen könnte, sie ließen sich nach einer Vergrößerung problemlos spielen. Benjamin Vogel, ein Kenner der Klaviergeschichte, hat jedoch festgestellt, dass Kokular das Instrument selbst mit einer gewissen Nonchalance behandelt und auf sieben Oktaven »ausgedehnt« hat.[5] Die modernsten Klaviere hatten damals einen Tonumfang von sechseinhalb Oktaven, und das auch nur fern von Rom, in London. Noch ferner von der Wirklichkeit sind die Hände von Szymanowska. Man könnte den Eindruck haben, dass sie mühelos zwei Oktaven umspannen könnten, doch wäre das selbst für die gewaltigen Pranken eines Rachmaninow unmöglich gewesen.

Auf dem Rückweg in den Norden wählten die Wołowskis eine andere Strecke, da sie offensichtlich auf eine Gelegenheit zum Besuch Venedigs nicht verzichten wollten. Im Februar trat Maria Szymanowska also im dortigen Teatro La Fenice auf, und da ein Konzert nicht ohne Sänger

---

5 Vogel, Fortepiany Marii Szymanowskiej, S. 102, 104.

stattfinden konnte, lud sie den Tenor Giovanni Davide dazu ein. Keiner von beiden konnte damals ahnen, dass Jahre später beide ihr Leben in derselben Stadt beenden würden, und zwar fern von Italien – zunächst gelangte Szymanowska nach Sankt Petersburg und 20 Jahre danach Davide. Bei ihrer Durchreise in Mailand ging Szymanowska wohl nicht auf den Vorschlag ein, in der Scala aufzutreten – am 23. Februar informierten die Zeitungen über ihr Eintreffen, doch schon drei Tage später übernachtete sie am Simplon-Pass, 150 Kilometer weiter im Norden und 1835 Meter höher. In einer frostigen Nacht verabschiedete sie sich von Italien und vertraute sich Thorvaldsen an: »Trotz der starken Sehnsucht, ins Vaterland zurückzukehren, sehne ich mich nach Rom und glaube, dass ich dort glücklich wäre. Ich habe es mit Tränen in den Augen und gebrochenem Herzen verlassen.« Begeistert erinnerte sie sich auch an den Aufenthalt in Venedig: »Es sieht so aus, als habe es sich bei der Schöpfung der Welt auf göttlichen Befehl aus den Wellen erhoben. Es ist zu wunderbar, um ein menschliches Werk zu sein.«[6]

---

6 Maria Szymanowska an Bertel Thorvaldsen, 26.2.1825, in: https://arkivet.thorvaldsensmuseum.dk/documents/m101825,nr.28?highlight=Maria+Szymanowska (Abruf: 3.1.2022).

Zurück in London

Die Londoner Presse meldete am 23. und 24. März die Rückkehr Szymanowskas. Denn sie befolgte die Ratschläge aus dem Vorjahr und kam nun früher, mitten in der Saison, angezogen von der Möglichkeit auf guten Verdienst. Die größte Metropole Europas wurde von mehr als anderthalb Millionen Menschen bewohnt, darunter relativ vielen Wohlhabenden, da es hier aufgrund der industriellen Revolution zu einer riesigen Kapitalanhäufung gekommen war. Dies hatte rasch Einfluss auf die Lage der Künstler, da neben dem Hof und der Aristokratie nun eine große Mittelklasse entstand, die demonstrativ die Neigung der höchsten Kreise nachahmte, Zeit bei Musik zu verbringen (ein Vierteljahrhundert später schrieb Chopin an seine Familie: »diese Engländer (…) mögen die Kunst deshalb, weil sie Luxus ist«.[1] Zyklen mit Abonnementskonzerten wurden in London schon seit den 1760er Jahren organisiert. Instrumentenbauer und Notenverleger konnten mit Absatz für ihre Produkte rechnen. Heerscharen von Schülerinnen gaben Klavierlehrern Beschäftigung. Es ist also überhaupt nicht verwunderlich, wenn Szymanowska Mitte April in einem Brief an Thorvaldsen schrieb, dass die drei letzten Wochen in London mit einer Menge Unterricht ausgefüllt waren.[2]

Als sie über ihre Lage berichtete, erwähnte sie erneut, dass sie hoffe, durch Konzertieren und Unterrichten viel Geld für ihre Familie verdienen zu können. Dieses Motiv kehrt auch in den Berichten anderer Personen immer wieder, die mit Szymanowska im Kontakt standen. Manchmal ist sogar davon zu lesen, dass sich die Pianistin zu ihrer Reise entschlossen habe, da sie dazu gezwungen gewesen sei, nicht nur für den Unterhalt ihrer Kinder, sondern auch der Schwestern und der Eltern zu sorgen. So schildert dies Friedrich von Müller:

1 Fryderyk Chopin an seine Familie aus Edinburgh, 19.8.1848, https://chopin.nifc.pl/pl/chopin/list/347_do-rodziny-w-warszawie
2 Brief vom 18.4.1825, zit. nach https://arkivet.thorvaldsensmuseum.dk/documents/m101825,nr.46?highlight=Maria+Szymanowska.

Nach dem unverschuldeten Verluste ihres bedeutenden Vermögens hat sie sich erst seit zwei Jahren entschlossen, von ihrem Talent für ihre Kinder, für eine blinde Schwester und für ihre Eltern Gebrauch zu machen, aber sobald sie ein nur irgend hinlängliches Kapital erworben, will sie sich für immer zurückziehen und sehnt sich schon jetzt schmerzlich darnach, je marternder ihre Situation für ihr Gefühl ist.[3]

In Erinnerung an ihre Begegnung in Florenz schrieb Michał Kleofas Ogiński in seinen *Listy o muzyce* (Briefe über die Musik):

(…) ich habe immer zu den eifrigsten Bewunderern ihrer musikalischen Talente gehört, jetzt hat mich der Nutzen, den sie aus diesen Talenten gezogen hat, mit noch größerer Begeisterung ergriffen. Aufgrund einer Verkettung unglücklicher familiärer Umstände des Wohlstands beraubt, in dem ich sie kannte, hat sie den Beruf einer Künstlerin ergriffen, überwindet mit Entschlossenheit alle Unannehmlichkeiten, erträgt alle Schwierigkeiten und Mühsal der Reise, um die materiellen Bedürfnisse der in Warschau zurückgebliebenen Kinder zu stillen, für die das Talent der Mutter die einzige Unterhaltsquelle geworden ist.[4]

Doch in der Korrespondenz mit der Familie, die viele Hinweise über Finanzen enthält, hat bislang noch niemand Formulierungen entdeckt, die erklären würden, auf welche Weise Maria Szymanowska das verdiente Geld ihren Kindern in Warschau zukommen ließ, zumal in einer Zeit, als dies sehr viel komplizierter war als heute. Erste Zweifel an Szymanowskas Beteuerungen, sie müsse für die Familie verdienen, hat Doris Bischler geäußert, die auch den Verdacht hegt, dass sie bei der Darstellung ihrer Verhältnisse für von Müller »etwas übertrieben hatte«.[5] Und Renata Suchowiejko, die ich danach befragt habe, hat mir einen Brief zur Verfügung gestellt, aus dem hervorgeht, dass einmal sogar die Eltern ihre Tochter

---

3 Friedrich von Müller, 3.11.1823, in: Hermann Freiherr von Egloffstein (Hrsg.): Alt-Weimars Abend. Briefe und Aufzeichnungen aus dem Nachlasse der Gräfinnen Egloffstein. München 1923, S. 1010; hier zit. nach Bischler, Ein weiblicher Hummel, S. 80.
4 Ogiński, Listy, S. 100.
5 Bischler, Ein weiblicher Hummel, S 80.

finanziell unterstützen mussten – und hierbei ist auch klar, wie sie das getan haben.⁶
Wenn man die Korrespondenz der Wołowskis liest, so merkt man, dass sie von dem Wunsch geleitet waren, die Welt und die Menschen kennenzulernen, und dass die Erfolge ihrer ältesten Schwester ihnen Freude bereiteten. Es war jedoch weder zu Beginn des 19. Jahrhunderts noch lange danach gut angesehen, derlei »selbstverliebte« Motive aufzudecken. Schließlich verlangte noch 1894 die Krakauer Jagiellonen-Universität, als sie das Recht zur Entscheidung über die Aufnahme von weiblichen Studentinnen in Anspruch nahm, von den Kandidatinnen einen Nachweis, dass sie dies aus einem »Bedarf für den Lebensunterhalt« tun. Es ist also kaum verwunderlich, dass 70 Jahre zuvor die intelligente Maria Szymanowska vorsorglich einen »Bedarf für den Lebensunterhalt« deklarierte und landauf landab erzählte, sie müsse ihre Familie ernähren. Da sie die seinerzeitigen Erwartungen gegenüber den Frauen kannte, setzte sie ihre Pläne um, indem sie diese Erwartungen vielmehr ausnutzte als bestritt. Einer solchen Politik ist wohl auch zuzuschreiben, was sie ihren Töchtern einbläute, und zwar eigentlich entgegen dem, was sie – vernünftig und talentiert wie sie war – lebte und bewusst für sich zu verwenden wusste. In einem Brief an die »geliebten Töchterchen« ist nach einem Lob für gute Schulerfolge und vorbildliches Verhalten zu lesen:

> Der geliebten Helcia [Helena] Eifer und die Ehre, die ihr zuteil wurde, freut mich von Herzen. Ich vermute, dass sie für Celinka gut und nachsichtig ist, und auch für die anderen Fräulein aus der Pension, die keine Lorbeeren erhalten haben. – Bescheidenheit ist der löblichste Vorzug für Frauen und sogar eine größere Zierde als Verstand und Talent.⁷

Der kosmopolitische Lebenswandel der aristokratischen Familien führte dazu, dass Bekanntschaften, die an einem Ort geschlossen wurden, an einem anderen Ort Früchte trugen. Dies wird von einem Kärtchen verdeutlicht, das Fürst Sanguszko 1824 in London von Herzogin Hamilton

---

6 Brief vom 28.12.1825, im Besitz von Renata Suchowiejko, der ich für die Information danke.
7 Zbigniew Sudolski: Panny Szymanowskie i ich losy. Warszawa 1986, S. 28 f.

erhalten hat: »Wenn Fürst Sanguszko zufällig heute einen freien Abend hat, schlägt ihm die Herzogin Hamilton vor, um neun Uhr bei ihr vorbeizuschauen. Er wird Frau Szymanowska antreffen – die polnische Pianistin, die Fürst Czartoryski der Herzogin empfohlen hat.«[8] Wir wissen nicht, was Maria Szymanowska an diesem Abend gespielt hat, aber wir können es erahnen, da dies von einem Brief nahegelegt wird, den sie im Frühjahr des nächsten Jahres aus London an Ogiński schreiben sollte: »Ich kann mich nicht zurückhalten, Herr Graf, und muss Ihre Polonaisen in allen Gesellschaften spielen; niemand wird durch ihr Hören gelangweilt, alle finden sie begeisternd.«[9] Im März 1826 informierte sie Ogiński erneut über die Erfolge seiner Werke: »Ihre Polonaisen verzaubern die hiesige Gesellschaft, ich bin verpflichtet, sie zu spielen, wo auch immer ich mich befinde. Überhaupt werden alle Ihre Kompositionen gemocht, aber die Zuhörer sind vor allem von ›la polonaise favorite‹ gefesselt, die so lange gespielt werden wird, wie die Welt besteht ... Ich spiele Ihre Polonaisen oft zusammen mit einer Harfenistin, einer der eleganten Frauen von London, die die Kunst des Spiels auf diesem Instrument bis zur Perfektion gebracht hat.«[10]

Das Londoner Publikum mochte es nicht, wenn man es mit einem komplizierten Repertoire plagte. Auch Maria Szymanowska konnte sich davon überzeugen, als sie beim Duke of Devonshire spielte, gemeinsam mit dem soeben in London eingetroffenen Giovanni Battista Velutti, dem letzten der großen Kastraten. Die Zeitschrift THE HARMONICON informierte anschließend ihre Leser:

> Am Freitag, dem 6. Mai, machte der Duke of Devonshire einen höchst lobenswerten Versuch in seinem wunderbaren Herrensitz, die modische Welt mit einem Konzert zu vergnügen, in dem etwas von der besten Musik der alten Meister und von englischen Komponisten eingeführt wurde; doch die Mehrzahl der Besucher erklärte, es sei sehr öde gewesen; seine Hoheit bemühte sich deshalb in der

---

8 Syga/Szenic, Maria Szymanowska, S. 478.
9 Ebenda, S. 311.
10 Ebenda.

folgenden Woche, seine Unterhaltung eher an den Geschmack seiner Gesellschaft anzupassen.[11]

Hier folgte dann das Programm, in dem sich sechs Arien von Rossini, einzelne Arien von Gluck, Maer, Morlacchi und Mozart sowie die Sonate eines unbekannten Komponisten fanden, die von Maria Szymanowska auf dem »Piano-forte« aufgeführt wurde. Davon, dass Instrumentalmusik in der Londoner Society keinen Erfolg hatte, zeugt auch eine Information auf der nächsten Seite, wo es heißt:

> Madame Szymanowski gab am Samstag, dem 11. Juni, ein Morgenkonzert in den Hanover Square Rooms und entzückte ein bemerkenswert ausgewähltes Publikum durch ihren eleganten und ausdrucksstarken Vortragsstil auf dem Piano-forte. (…) Viele Vertreter der Königlichen Familie waren anwesend, doch die Gesellschaft war nicht sehr zahlreich, wenn auch von großer Klasse, da eine Guinee Eintritt Besucher eher abhält.[12]

Trotz der freien Plätze brachte das Konzert Szymanowska nicht weniger als 450 Guineen Gewinn ein.
Das Broadwood-Archiv ermöglicht es auch, herauszufinden, wo Maria Szymanowska damals wohnte und spielte. Und so wissen wir, dass sie am Golden Square abgestiegen war, nun aber in der Nr. 37, denn hierhin wurde ihr am 22. März ein sechseinhalb Oktaven umfassender Flügel geliefert. Am 22. Juni muss sie umgezogen sein, da sie den Transport des Flügels in die Park Street 13, Grosvenor Square, beauftragte und das Stimmen gleich dazu. Vom 1. August bis 14. September vermietete Broadwood ihr ein kleineres Instrument, das nach Wimbledon gebracht wurde, damals noch ein ländlicher Vorort von London.
Londons Attraktivität war so groß, dass Maria Szymanowska auf ihren ursprünglichen Plan verzichtete, früher nach Warschau zurückzukehren. Im Sommer, als die Stadt sich leerte, beschloss sie deshalb, eine Konzertreise nach Belgien und in die Niederlande zu unternehmen, um danach für eine weitere Saison nach London zurückzukehren. Um Auftritte in

---

11 THE HARMONICON, September 1825, S. 164.
12 Ebenda, S. 165.

den für sie neuen Ländern gut vorzubereiten, wollte sie sich rechtzeitig mit geeigneten Empfehlungen versehen und schrieb deshalb Ende Juli an Kanzler von Müller. Sie bat ihn, dass er und seine Bekannten sie mit entsprechenden Empfehlungsschreiben unterstützen mögen. Sie müssen für sie so wichtig gewesen sein, dass die Geschwister Wołowski, als sie Mitte September nach Paris kamen und die erwarteten Briefe noch nicht eingetroffen waren, auf die geplante Reise nach Brüssel verzichteten und die drei nächsten Monate in Paris verbrachten. Nun war es Pierre Baillot, der Maria Szymanowska dazu einlud, sich an seinen Konzerten zu beteiligen; sie selbst veranstaltete auch einen eigenen Auftritt.

Die Vorbereitungen zu einem solchen Konzert mussten damit beginnen, das Einverständnis der Behörden einzuholen. Es traf am 3. November bei Gioachino Rossini ein, dem damaligen Direktor des Théâtre-Italien in der Salle Louvois, wo Maria Szymanowska einen Auftritt plante. Mit der Erlaubnis konnte die Pianistin sich anschicken, andere Solisten, einen Dirigenten und ein Orchester zu engagieren. Dann galt es, die Presse mit Informationen zu versorgen, und schließlich mussten Eintrittskarten verkauft werden (sie legte den Preis, je nach Platz, auf 1,50 bis 10 Franc fest). Nach mehr als drei Wochen, genauer gesagt am 28. November, konnte sie sich endlich an den Flügel setzen, um ein Konzert von Dussek und ein Rondo von Hummel zu spielen. Begleiter wurde sie von einem Orchester unter Leitung von Sir George Smart, einem Dirigenten, den sie zuvor in London kennengelernt hatte. Smart vertraute seinem Tagebuch später an: »Das Ensemble, dessen Tonhöhe genau zu meinem Kammerton passte, war gut, doch hatten sie Mühe, Hummels *Air mit Variationen* zu begleiten. Madame Szymanowska spielte auf einem armseligen Flügel. Ihre beiden Stücke waren entsetzlich lang und das Publikum war außer sich in seinem Beifall.« Allerdings bemerkte Smart in seinem Tagebuch auch Folgendes zum Besuch des Saales: »Er war keineswegs voll und es gab viele Freikarten«.[13] Nachdem sie ihre Einnahmen und Ausgaben gezählt hatte, fühlte sich die Organisatorin veranlasst, darum zu bitten, ihr die Mietkosten für den Saal zu reduzieren. Schlimmer noch, das ganze Unternehmen war wohl sogar ein Verlust, da sie sich an ihre Eltern um

---

13 Leaves From The Journals Of Sir George Smart Paperback. Hrsg. v. H. Bertram Cox, C. L. E. Cox, London 1907, S. 233, zit. nach Bischler, Ein weiblicher Hummel, S. 132.

finanzielle Hilfe wenden musste. Aus dieser Korrespondenz stammt ihre bereits zitierte Bemerkung über das von Stadt zu Stadt wandernde Geld. Dieses Geld wurde nun jedoch nicht nach Warschau überwiesen, sondern umgekehrt von Warschau nach Brüssel. Denn Maria Szymanowska schrieb:

> Für den Beweis von Erinnerung und Milde meiner geliebtesten Eltern bedanke ich mich zärtlich. Die mir versprochene Summe, die mich in Brüssel erwarten wird, kommt uns unter diesen traurigen Umständen zugute. Dennoch können meine geliebten Eltern überzeugt sein, dass ich mich auf dieser Stärkung nicht ausruhen werde, denn für mich, das heißt für uns alle, wird es eine heilige Pflicht sein, dass ich mit völliger Anständigkeit verdienen werde.[14]

Diese Episode lässt den Verdacht aufkommen, dass die Künstlerin das verdiente Geld für laufende Ausgaben aufwenden musste. Auf ihr Verhältnis zu den Finanzen wirft ein Artikel etwas Licht, der zehn Jahre nach Szymanowskas Tod in der Zeitschrift OST UND WEST. BLÄTTER FÜR LITERATUR, KUNST UND GESELLIGES LEBEN erschien.[15] Der namentlich nicht gezeichnete Artikel – wir wissen deshalb nicht, ob es ein Bekannter war oder jemand, der sich nur auf Gerüchte über die Künstlerin verließ – erwähnte hier, wie sich mehr als ein Jahrzehnt zuvor ganz Europa über Szymanowskas Spiel begeistert habe. Er äußerte sich mit höchster Anerkennung über ihre Fähigkeiten sowie über ihr umfangreiches Repertoire (hier wird deutlich, wie sehr sich die damaligen Vorstellungen von Repertoire von heute unterschieden). Anschließend macht er sich darüber Gedanken, warum sie so plötzlich vom Horizont verschwunden und vergessen worden sei. Er berichtet, dass sie nach ihrer Hochzeit in Warschau einen großartigen künstlerischen Salon geführt habe (»der Sammelplatz der feinen Welt Warschau's«), was ihr durch die Einkünfte ihres Mannes ermöglicht worden sei. Dann spekuliert der Autor: War ihr Gemahl von diesem Lebenswandel gelangweilt? Hatten sich seine Geschäfte verschlechtert? Auf jeden Fall habe Folgendes gegolten: »Das Einkommen

---

14 Brief vom 28.12.1825 aus Amsterdam an die Eltern, im Besitz von Renata Suchowiejko.
15 Maria Schimanowska. In: OST UND WEST. BLÄTTER FÜR LITERATUR, KUNST UND GESELLIGES LEBEN 1841, H. 5 (15.1.), S. 17–18; H. 6. S. 19–20.

des Gemahles war aber auf die Dauer dem vornehmen Leben, seinen Auslagen und Reisen nicht gewachsen«, was sie zur Scheidung bewogen habe. Da sie – wie es weiter heißt – über ihre Verhältnisse gelebt habe, sei sie in Schulden geraten und habe deshalb ihre Reisetätigkeit aufgenommen, mit der Erwartung, »durch Reisen nicht allein ein vergnügteres Leben und mehr Anerkennung, sondern auch mehr Glücksgüter, ein reicheres Einkommen zu gewinnen«. Aber in dem Moment, in dem der Artikelschreiber seine Leser mit Informationen darüber beglückt, dass sie mit einem eigenen sechsspännigen Wagen gefahren sei, während wir aus den Briefen ihres Bruders Karol wissen, dass sie sich mit vier Pferden begnügte, so macht dies misstrauisch. Unklar sind auch die Informationen darüber, wie Maria Szymanowska mit dem verdienten Geld umgegangen sei. Der OST UND WEST-Autor meint, dass sie bei den Einkünften, die ihr die Konzerte gebracht hätten, problemlos ein wahres Vermögen hätte zusammensparen können, doch sei Sparsamkeit nicht ihre Natur gewesen. Ganz anderes stellt diese Dinge der Mann von Helena Szymanowska dar. Als er kurz nach Marias Tod seine Eltern umstimmen wollte, die seinen Eheplänen mit einem verwaisten Fräulein ohne Aussteuer skeptisch gegenüberstanden, beschrieb er die vorzeitig verstorbene Schwiegermutter in spe folgendermaßen: »Sie hatte das Bedürfnis, in Hauptstädten und großen hauptstädtischen Welten zu leben, daheim war sie aber ein Vorbild allergrößter Sparsamkeit«.[16]

Anfang Dezember verließen die drei Wołowskis Paris und gelangten nach fast 500 Kilometern nach Den Haag, der Hauptstadt des Königreichs der Niederlande. Die Gattin des Thronfolgers, des künftigen Königs Wilhelm I., war eine Tochter von Zar Paul I. und seiner Frau Maria, derselben, die der Szymanowska den Titel Hofpianistin verliehen hatte. Bei Hof trat Maria Szymanowska somit am 20. Dezember auf und fuhr dann nach Amsterdam weiter, wo sie am 2. Januar ein Konzert gab. Mitte Januar kehrte sie über Brüssel nach London zurück. Unterwegs nahm sie von ihrem Bruder Abschied, der zu dem Schluss gekommen war, dass er nur unnötige Kosten verursachen würde, da seine Schwester in London keine öffentlichen Konzerte mehr geben wollte, sondern lediglich Klavierstunden. Und so unterrichtete der KURJER WARSZAWSKI seine Leser

---

16 Sudolski, Panny Szymanowskie, S. 135.

am 9. Februar 1826, dass »Herr Stanisław Wołowski, Arzt am Institut der Wohltätigkeitsgesellschaft, aus fremden Ländern zurückgekehrt ist, und nachdem er mit Gewinn die vorzüglichsten medizinischen Institute in Frankreich, England und Italien besichtigt hat, nun wieder Kranke betreut«. Seine Schwester wiederum vertraute Piotr Wjasemski brieflich an, dass ihr das Reisen immer beschwerlicher würde, weshalb sie daran denke, nach Hause zurückzukehren.

Dank den unschätzbaren Broadwood-Büchern wissen wir, dass Maria Szymanowska bei ihrem dritten London-Aufenthalt in 2, Little Stanhope Street wohnte; vom 28. Januar bis zum 10. Juni mietete sie einen Flügel. Sie gab Unterricht, spielte im privaten Rahmen und trat im Mai zwei Mal öffentlich auf. Zunächst in einem von Christoph Gottfried Kiesewetter organisierten Konzert, einem Geiger, der sich nach Erfolgen in Deutschland in London des Rufs eines unvergleichlichen und aufregend teuren Virtuosen erfreute. Das zweite Konzert war ihr eigenes, zu dem sie auch Giuditta Pasta und Giovanni Puzzi einlud, der damals als Europas bester Hornist galt. Später spielte sie noch vor einigen Herzoginnen und zum letzten Mal am 26. Mai in der Residenz des Duke of St. Albany. Zu diesem Anlass kamen rund 400 Personen, die je eine Guinee zahlten, um das Privileg genießen zu können, die herausragende Pianistin ein letztes Mal zu hören.

Die Schwestern verließen London am 8. Juni. Sie machten in Paris Station, von wo aus sie die nächste Reiseetappe – zwei Wochen Fahrt nach Frankfurt am Main – in Gesellschaft eines Ehepaares zurücklegten, das sie durch einen gemeinsamen Bekannten kennengelernt hatten. Sie wollten dann zu zweit weiterreisen, doch – wie Maria ihren Eltern schrieb – unter Einhaltung aller Vorsichtsmaßnahmen. Über Leipzig, Dresden, Breslau und Kalisch wollten sie um den 15. Juli in Warschau eintreffen. Der Plan ging auf, und am Sonntag, 16. Juli 1826, vermeldete der Kurjer Warszawski auf seiner ersten Seite die Rückkehr der Pianistin »von einer musikalischen Reise durch Italien, Frankreich, England und Deutschland«.

Derweil waren zwei von Maria Szymanowska erworbene Broadwood-Flügel auf dem Weg nach Polen. Einen hatte sie für 119 Pfund für eine namentlich nicht bekannte Person gekauft, und den zweiten für sich selbst, wobei sie einen Rabatt erhielt, der den Preis auf 91 Pfund senkte.

Von Danzig aus wurde Szymanowskas Instrument nach Warschau transportiert, wo der Eigentümerin ein verlockendes Angebot gemacht wurde. Man schlug ihr nämlich vor, ihr den Zoll zu erlassen, wenn sie ihre Neuerwerbung den lokalen Klavierbauern zur Verfügung stellen würde. Die Pianistin ging darauf ein, und so konnten sich die Warschauer Klavierbauer mit der neuesten englischen Mechanik vertraut machen, um sie bald darauf zumindest zum Teil in ihren eigenen Instrumenten zu verwenden. Worauf beruhte nun die Attraktivität der englischen Instrumente? Sie waren angenehmer anzuhören. Da sie nicht nur aus Holz bestanden, sondern teils auch aus Metall, waren sie nicht nur schwerer geworden (130 bis 150 Kilogramm), sondern die Saiten konnten auch fester gespannt werden. Sie klangen deshalb lauter, obschon sie im Vergleich zu heutigen Instrumenten immer noch leise waren. Und sie waren auch noch immer viel kleiner als unsere modernen Flügel: Das von Maria Szymanowska mitgebrachte Instrument war 30 Zentimeter kürzer als heutige Konzertflügel und hatte auch eine Oktave weniger.

Szymanowska und »die polnische Frage«

Im Sommer 1824 schrieb Maria Szymanowska aus London: »Michał Skibicki, der hier ist, besucht uns jeden Tag und wir reden auf Polnisch über Warschau – oft, so wie Papa über das Weib erzählt, das sich betrunken hatte und sich in die ewige Ruhe tanzte – so tanzen wir aus Sehnsucht die Mazurka…«.[1] Was für eine Mazurka? Vielleicht eine von denen, die bald darauf im Druck erschienen. Die Mazurka, damals neben der Polonaise der verbreitetste »polnische« Tanz, hatte nämlich langsam in Gestalt stilisierter Miniaturen vor allem für das Klavier Beliebtheit gewonnen. 1803 veröffentlichte Józef Elsner in Warschau ein *Rondo à la Mazurek*, um 1810 entstanden zwei Klaviermazurken von Michał Kleofas Ogiński und 1820 gab in London Letronne eine *Mazurka* von Józef Damse heraus. Es folgte Maria Szymanowska, deren Mazurken 1825 in Leipzig und ein Jahr später auch in London erschienen.

Beim Reisen vernachlässigte die Künstlerin ihre verlegerischen Interessen nicht. In Neapel war es ihr gelungen, eine alte *Polonaise* sowie einen *Walzer* für 3 Hände für den 2. Band einer Reihe mit Werken verschiedener Komponisten unter dem Titel *Passatempi musicali* zu verkaufen. Später hatte Henry in Paris zwei neue Romanzen herausgegeben (eine von ihnen widmete sie ihrer Schwester, mit der zusammen sie das Lied sicherlich häufiger bei privaten musikalischen Zusammenkünften aufgeführt hatte). Nun bot sie beginnenden Pianisten nicht weniger als zwei Dutzend Miniaturen mit dem charakteristischen synkopierten Rhythmus an. Auf dem Umschlagblatt dieser Noten ist keine Widmung zu erkennen, dafür ist zu lesen: »24 Mazurken, für das Klavier bearbeitet von M. Szymanowska«. Bislang hat niemand die Originale identifizieren können, die sie zu den Melodien dieser Sammlung hätten inspirieren können.

So wie die früheren Sammlungen von Miniaturen war auch diese Sammlung von Maria Szymanowska »für den Salon, für die Damen« bestimmt.

---

1 Brief vom 13.7.1824, in: Mirski/Mirska, Maria Szymanowska, S. 33.

Alle Mazurken sind sehr kurz und im 3/8-Takt gehalten. Sie stehen ausnahmslos in Dur-Tonarten (alleine neun in C-Dur); nur zweimal enthalten sie Moll-Passagen. Die Melodie wird von der rechten Hand gespielt, die Linke begleitet. Einige Mazurken sind lebhafter, etwa Nr. 19, andere sanglicher, wie Nr. 13, um nur die beiden beliebtesten zu nennen. Heute werden sie vorwiegend von Klavierschülern gespielt, doch können sie auch Erwachsenen empfohlen werden, die Lust haben, zum eigenen Vergnügen ein wenig Klavier zu spielen – so, wie das zu Szymanowskas Zeiten der Fall war.

Die Leipziger Ausgabe war bald auch in Warschau erhältlich, weshalb man darüber nachdenken darf, ob sie ein Teenager Namens Fryderyk Chopin in seine Hände bekommen hat. Doch auch wenn die Chopin-Forscher gewisse Ähnlichkeiten zwischen den Etüden, Préludes und selbst den Nocturnes von Szymanowska und Chopin erkennen, so legen die Mazurken derlei Mutmaßungen nicht nahe. Maria Szymanowska interessierte Chopin jedoch sicherlich als Pianistin, und im Winter hatte er die Gelegenheit, ihrem Spiel zu lauschen. Nachdem sie seit einem halben Jahr zurück in Warschau war, hatte sich die Künstlerin nämlich dazu entschlossen, öffentlich aufzutreten. »Frau Szymanowska gibt in dieser Woche ein Konzert. Es soll am Freitag sein«, schrieb Chopin am Montag, 8. Januar 1827, an Jan Białobłocki. »Ich werde zuverlässig sein und Dir über ihre Aufnahme und ihr Spiel Kunde geben.«[2] Leider gab er seinem Freund weder über die Aufnahme noch über das Spiel Kunde, doch andere Quellen liefern uns höchst umfangreiche Kommentare über dieses Konzert.

So wie angekündigt fand das Konzert im Nationaltheater statt, allerdings war es auf Montag, 15. Januar, verlegt worden. Das Programm war natürlich abwechslungsreich. Szymanowska betrat die Bühne dreimal, wobei sie das Allegro aus Hummels *Konzert h-Moll* spielte, Ries' *Variationen über ›Rule Britannia‹* sowie ein Potpourri über Themen aus Webers *Freischütz*. Trotz der Überfülle an Faschingsveranstaltungen und erhöhter Preise kamen nicht weniger als 1200 Zuhörer. Die GAZETA WARSZAWSKA veröffentlichte zwei Rezensionen, was das außergewöhnliche Interesse an diesem Ereignis belegt. Zudem tobte in dieser Zeitung und in der GA-

---

2 Zit. nach: Korespondencja Fryderyka Chopina. Bd. 1, 1816–1831. Hrsg. v. Zofia Helman, Zbigniew Skowron, Hanna Wróblewska-Straus, Warszawa 2009, S. 215.

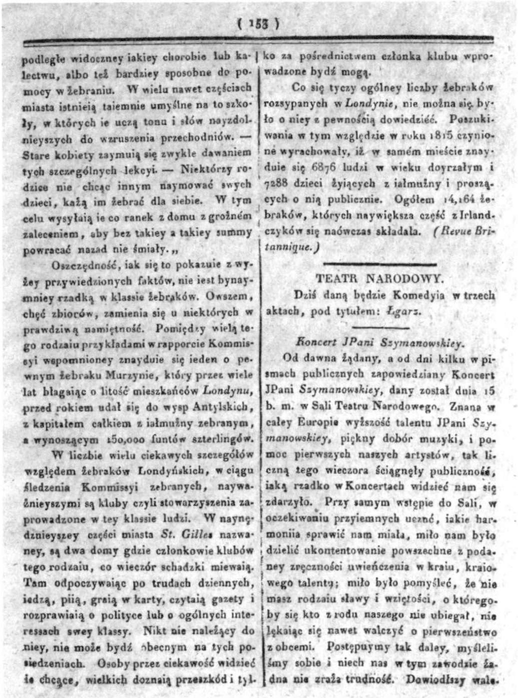

(153)

podległe widoczney iakiey chorobie lub kalectwu, albo też bardziey sposobne do pomocy w żebraniu. W wielu nawet częściach miasta istnieią taiemnie umyślne na to szkoły, w których ie uczą tonu i słów nayzdolnieyszych do wzruszenia przechodniów. — Stare kobiety zaymuią się zwykle dawaniem tych szczególnych lekcyi. — Niektórzy rodzice nie chcąc innym naymować swych dzieci, każą im żebrać dla siebie. W tym celu wysyłaią ie co ranek z domu z groźném zaleceniem, aby bez takiey a takiey summy powracać nazad nie śmiały. „

Oszczędność, iak się to pokazuie z wyżey przywiedzionych faktów, nie iest bynaymniey rzadką w klassie żebraków. Owszem, chęć zbiorów, zamienia się u niektórych w prawdziwą namiętność. Pomiędzy wielą tego rodzaiu przykładami w rapporcie Kommissyi wspomnioney znayduie się ieden o pewnym żebraku Murzynie, który przez wiele lat błagaiąc o litość mieszkańców *Londynu*, przed rokiem udał się do wysp Antylskich, z kapitałem całkiem z iałmużny zebranym, a wynoszącym 150,000 funtów szterlingów.

W liczbie wielu ciekawych szczegółów względem żebraków Londyńskich, w ciągu śledzenia Kommissyi zebranych, nayważnieyszymi są kluby czyli stowarzyszenia zaprowadzone w tey klassie ludzi. W naynędznieyszey części miasta *St. Gilles* nazwaney, są dwa domy gdzie członkowie klubów tego rodzaiu, co wieczór schadzki miewaią. Tam odpoczywaiąc po trudach dziennych, iedzą, piią, graią w karty, czytaią gazety i rozprawiaią o polityce lub o ogólnych interessach swey klassy. Nikt nie należący do niey, nie może bydź obecnym na tych posiedzeniach. Osoby przez ciekawość widzieć ie chcące, wielkich doznaią przeszkód i tylko za pośrednictwem członka klubu wprowadzone bydź mogą.

Co się tyczy ogólney liczby żebraków rozsypanych w *Londynie*, nie można się było o niey z pewnością dowiedzieć. Poszukiwania w tym względzie w roku 1815 czynione wyrachowały, iż w samém mieście znayduie się 6876 ludzi w wieku doyrzałym i 7288 dzieci żyiących z iałmużny i proszących o nią publicznie. Ogółem 14,164 żebraków, których naywiększa część z Irlandczyków się naówczas składała. (*Revue Britannique.*)

TEATR NARODOWY.

Dziś daną będzie Komedyia w trzech aktach, pod tytułem: *Łgarz.*

Koncert JPani Szymanowskiey.

Od dawna żądany, a od dni kilku w pismach publicznych zapowiedziany Koncert JPani *Szymanowskiey*, dany został dnia 15 b. m. w Sali Teatru Narodowego. Znana w całey Europie wyższość talentu JPani *Szymanowskiey*, piękny dobór muzyki, i pomoc pierwszych naszych artystów, tak liczną tego wieczora ściągnęły publiczność, iaką rzadko w Koncertach widzieć nam się zdarzyło. Przy samym wstępie do Sali, w oczekiwaniu przyiemnych uczuć, iakie harmoniia sprawić nam miała, miło nam było dzielić ukontentowanie powszechne z podaney zręczności uwieńczenia w kraiu, kraiowego talentu; miło było pomyśleć, że nie masz rodzaiu sławy i wziętości, o któregoby się kto z rodu naszego nie ubiegał, nie lękaiąc się nawet walczyć o pierwszeństwo z obcemi. Postępuymy tak daley, myśleliśmy sobie i niech nas w tym zawodzie żadna nie zraża trudność. Dowiodłszy wale-

Abb. 15: Beginn des Artikels über Maria Szymanowskas Konzert in der Gazeta Warszawska vom 18. Januar 1827.

zeta Polska eine leidenschaftliche Diskussion darüber, wie Szymanowskas Auftritt zu beurteilen war. Niemand hatte Zweifel daran, dass die Pianistin hervorragend gespielt hatte, doch man stritt darüber, mit welchen Worten man sie rühmen dürfe. Und das alles in Artikeln eines solchen Umfangs, wie sie heute selbst die polnische Musikzeitschrift Ruch Muzyczny nach einem Chopin-Wettbewerb schon lange nicht mehr veröffentlichen würde.

In diesem Disput ging es auch um ein Motiv, das schon zuvor bei der Reaktion auf Szymanowskas Auftritte in Podolien zu hören war. Der Autor einer Kritik – er verbarg sich hinter den Initialen R.M. – schrieb:

»Nachdem wir Tapferkeit in Kämpfen bewiesen und in ihnen gerechten Ruhm erlangt haben, suchen wir diesen nun im Frieden stiller Gefährten, in der Wissenschaft, im Gewerbe und in den bildenden Künsten«. Seinen Text beendete er in pathetischem Ton und erklärte: »Somit Ruhm dem gerühmten und auf unserer geliebten Heimaterde entfalteten Talent, und Dank all denen, die zur Verzierung dieses nationalen Konzerts beigetragen haben.«[3] Danach kam es zu der erwähnten Polemik, die von einem Anonymus »T.« begonnen wurde. Es schaltete sich noch ein geheimnisvollerer »***« ein, ein »[X]« griff das Thema auf und widmete der Angelegenheit einen umfangreichen Text: »seine Artikel verdienten keineswegs eine so detaillierte Auseinandersetzung, ginge es hier nicht um die nationale Frage, nämlich um den Ruhm eines polnischen Talents«.[4] Wenn man das Hin und Her dieses Disputs von vor 200 Jahren verfolgt, so würde man es am liebsten mit dem Bonmot einer anderen ungewöhnlichen Maria quittieren – von Maria Skłodowska-Curie. Diese hatte nämlich bei einem Intellektuellen-Kongress 1921 einen Witz erzählt. Es sei ein literarischer Wettbewerb zum Thema Elefant ausgeschrieben worden. Ein Engländer habe »Meine Erfahrungen bei der Elefantenjagd in Afrika« geschrieben, ein Franzose »Das Sexualleben der Elefanten«. Und ein Pole habe eine Erzählung mit folgendem Titel eingereicht: »Der Elefant und die polnische nationale Unabhängigkeit.« Der Elefant und die polnische Sache – das ist in Polen mittlerweile zu einer stehenden Redewendung geworden, wenn man nationalen Eifer für übertrieben hält.

Der Erfolg des Januar-Konzerts ermunterte die Pianistin zu einem neuen Auftritt. Wie zuvor, so spielte sie auch am 7. Februar auf ihrem Broadwood, der ins Nationaltheater gebracht worden war, wobei sie von einem Orchester unter Leitung von Karol Kurpiński begleitet wurde. Die Hälfte der Einnahmen spendete sie für wohltätige Zwecke. Der Gewinn war jedoch nicht mit dem des ersten Konzerts zu vergleichen, denn gerade einmal 630 Zuhörer wurden im Saal gezählt. Wenn man den künftigen Lauf der Ereignisse kennt, so kommt man nicht umhin, folgendes zu vermuten: Maria Szymanowska dürfte dieses deutlich sinkende Interesse an ihrem Spiel oder an ihrer Person als Bestätigung für eine Entscheidung

---

3 Syga/Szenic, Maria Szymanowska, S. 329.
4 Ebenda, S. 343.

gesehen haben, die sie schon längst getroffen hatte. Trotz der patriotischen Erklärungen der Kritiker sah sie ihre Zukunft nämlich nicht in ihrer Heimatstadt.

Wäre sie in Warschau geblieben, so hätte sie zu sehr viel bescheideneren Bedingungen unterrichten müssen, als sie es gewohnt war. Franciszek Lessel, der neun Jahre mehr als Maria Szymanowska zählte und nicht nur als Pianist, sondern auch als Komponist hervorragend ausgebildet war und 1809 aus Wien eingetroffen war, wo er bei Haydn studiert hatte, begann sein Leben als »freier Musiker« mit Kompositionen, öffentlichen Auftritten und Musikunterricht. Von großen Erfolgen in den 1820er Jahren ist aber nicht viel bekannt. Im nächsten Jahrzehnt, bis zu seinem Tod (er starb im Dezember 1838 in Petrikau, der alten Königstadt Piotrków Trybunalski), verdiente er seinen Lebensinterhalt nicht etwa mit Musik, sondern mit Deutschunterricht. In den nächsten Generationen verbesserte sich diese Situation nicht. Das Schicksal von so bedeutenden Musikern wie Ignacy Jan Dobrzyński, Stanisław Moniuszko, ja sogar noch Władysław Żeleński deutet darauf hin, dass, wer in Warschau diesem Beruf nachging, mit viel Arbeit und geringen Einkünften rechnen musste, selbst wenn es sich um Männer handelte, die als Musiker ein viel breiteres Betätigungsfeld hatten als Frauen, denen die damaligen Konventionen nur die Rolle als Sängerin oder Klavierlehrerin ließen. Szymanowska hatte darauf ganz offensichtlich keine Lust. Noch vor den Konzerten im Nationaltheater, im Herbst 1826, schrieb sie an Thorvaldsen, dass sie daran denke, Warschau rasch zu verlassen, da sie hier keine befriedigenden Verdienstmöglichkeiten sah: »Ich hatte das Glück, meine Eltern, die Kinder und die ganze Familie in bester Gesundheit vorzufinden. Unter ihnen fühle ich mich wie im Himmel, doch bald werde ich mich von ihnen verabschieden müssen, da meine teure Heimatstadt einem Künstler keinerlei Mittel bietet und ich mit meinem bescheidenen Talent meinen Kindern den Unterhalt sichern muss. Ich muss also meinem Schicksal folgen …«.[5]

---

5 Original des Briefs vom 8.11.1826: https://arkivet.thorvaldsensmuseum.dk/documents/m111826,nr.75?highlight=Maria+Szymanowska

Über Wilna nach Sankt Petersburg

Diesmal machte sich Maria Szymanowska alleine auf den Weg. Stanisław hatte sich verheiratet und zog es vor, bei seiner Frau zu bleiben, und Kazimiera hatte keine Lust, sich von der Familie zu trennen. Ihren ersten Halt machte die Musikerin in Wilna, wo ihr ein Empfehlungsschreiben von Marianna Tyzenhaus die Türen zum Haus ihrer Tochter Aleksandra öffnete, der Gattin von Graf Adam Günther von Hildesheim – oder auf Litauisch: Grafas Adomas Giunteris. Den Verlauf ihres Besuchs in Wilna kennen wir dank eines Berichts der damals 12 Jahre alten Gabriela Günther.

> Sie war noch schön, dazu nett, fröhlich, klug und herzlich, sie verdrehte uns allen den Kopf. Meine Mutter bot ihr ihre Gesellschaft an und ein Gefährt für die notwendigen Besuche bei Staatsvertretern; mein Vater (…) erleichterte es ihr, Künstler kennenzulernen; und uns Kinder, die wir ihr hübsches Gesichtchen, die netten Worte und die geschmackvolle Kleidung mochten, eroberte die Künstlerin mit alldem, so dass wir ganz verrückt nach ihr waren und sie nicht anders nannten als »Szymania«, wir liefen ihr entgegen, sobald sie sich nur zeigte, froh über jeden Vorwand, für sie etwas tun zu können. Als ihr einmal eine Halskette mit Granatkristallen riss und sie alle auf die Erde sprangen, stürzten wir ihr alle zu Füßen, um die Perlen aufzulesen. Sie war jeden Tag bei uns, und selbst wenn sie anderswo eingeladen war, begann sie den Abend stets bei meinen Eltern.[1]

Durch Gabrielas Erinnerungen wissen wir, wie die Vorbereitungen für Szymanowskas Wilnaer Konzert aussahen. Eines Abends fand zu diesem Zweck eine Versammlung bei den Günthers statt: »Es war, wie ich mich erinnere, unglaublich nett, dieses Zusammenkommen, dessen Seele

---

1 Gabriela Puzynina: W Wilnie i w dworach litewskich: pamiętnik z lat 1815–1843, Wilno 1928, S. 93.

›Szymania‹ war, die ein schwarzes Samtbarett trug und allen gegenüber höflich und zuvorkommend war. Sie sprach etwas hustend und mischte französische Ausdrücke ins Polnische, doch ihr stand das zu Gesicht. Sie ließ sich nicht lange bitten und spielte ihr wunderhübsches ›Murmure‹.« An diesem Treffen nahmen unter anderen teil der Wilnaer Stadtpräsident Jan Buksza, der Herausgeber der Zeitung KURJER WILEŃSKI Antoni Marcinkowski sowie der Komponist und Pianist Ignacy Platon Kozłowski, der gemeinsam mit seiner Frau Teresa, einer Pianistin und Sängerin, eine Musikschule leitete.

> Herr Buksza bot der Künstlerin im Namen der Stadt den Rathaussaal an, Herr Marcinkowski offerierte seine Druckerei für den Druck von Anzeigen und Aushängen und das Ehepaar Kozłowski stellte seinen Salon und seinen Flügel für Proben zur Verfügung. Mein Vater setzte selbst den Programmzettel auf, wobei er Komplimente und witzige Vorschläge zum Programm einflocht, woraufhin sich die Künstlerin fröhlich für diesen Witz bedankte und erzählte, wie in London bei einer Theatervorstellung in Coven-Garden [sic!] der Duke of York selbst die Konzertankündigungen in den Logen verteilt habe.[2]

Die Proben fanden tagsüber in der Wohnung der Kozłowskis statt. Sie besaßen ein gutes Instrument, und außerdem sollte Teresa Kozłowska bei dem geplanten Konzert gemeinsam mit der Pianistin Lieder und Arien aufführen. Abends traf man sich bei den Günthers.

> »Szymania« brachte, wenn sie den ganzen Abend uns kam, ihre Alben mit, von denen sie zwei besaß – ein musikalisches, in das sich alle erstrangigen europäischen Künstler eingetragen hatten, und ein zweites mit Autographen von Schriftstellern und Poeten. Das zweite war größer, reicher an Souvenirs und hat sich meiner Erinnerung besser eingeprägt. Es gab hier ein Schreiben von Walter Scott, doch dieser König und Schöpfer des historischen Romans verhielt sich geradezu literarisch, indem er das Album ein halbes Jahr oder länger behielt und es der Eigentümerin in einem so beklagenswerten

---

2 Ebenda, S. 94 f.

Zustand zurückgab, dass der Duke of York anordnete, es neu binden zu lassen, bevor es der Besitzerin zurückgeschickt wurde; dabei wurde auf der Buchschnalle aus teuren Steinen das Wort »Regard« angebracht, was auf Englisch so viel wie »Rücksicht« heißt.[3]

Als der Tag des Konzerts gekommen war und es schien, als sei schon alles vorbereitet, tauchte von Seiten der Frau des Gouverneurs ein unerwartetes Hindernis auf. Sie knüpfte die Ausleihe von Stühlen an eine Bedingung: Zu dem Konzert wollte sie in einer weißen Pelerine aus Atlasstoff erscheinen. Diese Bedingung mochte lustig erscheinen und kinderleicht zu erfüllen, doch es war ein Februar mit schneidendem Frost und die Pelerine konnte sie deshalb eigentlich erst anlegen, bevor sie den Saal betrat. Doch es gab keinen Raum in der Nähe, in dem sich die Gouverneursgattin hätte umkleiden können. Deshalb wurden die Ratsherren um Erlaubnis gebeten, den Archivraum leerzuräumen, damit sich die ebenso eitle wie sture Besitzerin der Stühle dort umziehen konnte. Die Dämmerung brach herein, doch immer noch waren die Stühle nicht eingetroffen. Die Künstlerin, die von alldem nichts mitbekommen hatte, lief derweil zur Gräfin Günther »und bat sie, sie mit dem Jubiläumskreuz zu segnen, das sie selbst von ihrer Großmutter für sie mitgebracht habe. – ›Kann es denn sein‹, fragte meine Mutter sie, – ›dass Sie nach so vielen Erfolgen in Paris, London und sogar im Saal der Mailänder Scala Angst vor Wilna haben?‹... ›Le public est partout imposant‹, antwortete sie mit unverhohlener Rührung«, – das Publikum ist überall imponierend.[4]

Die Günthers nahmen zu dem Konzert nur ihre älteste, 16-jährige Tochter mit, während die jüngeren Kinder daheimbleiben mussten. Als sie am Abend aus dem Rathaus zurückkehrten, zeigte die Pianistin sich unerwarteterweise

> selbst en personne, herausgeputzt mit einem himmelblauen Kleid, mit Federn auf dem Kopf und Brillanten am Hals, sie machte an der Tür einen tiefen Knicks, als wir auf sie zuliefen, umarmte uns beide herzlich und sagte: »Ihr habt mich bei den Proben gehört, aber ich wollte das Konzert für Euch mit meinem Kleid und mei-

3 Ebenda, S. 95.
4 Ebenda, S. 96.

ner Verbeugung komplettieren.« Wie sollte man »Szymania« nicht lieben?! Sie war für den Rest des Abends zu Familie Horn geladen, hatte aber bewusst einen Abstecher gemacht, um sich durch ihre Höflichkeit gegenüber den Kindern bei den Eltern zu bedanken.[5]

Der weitere Weg führte über Riga, wo Maria Szymanowska am 27. Februar mittags ein Konzert im repräsentativen Schwarzhäupterhaus gab. Nach Sankt Petersburg gelangte sie Mitte März, und schon bald darauf trat sie dort öffentlich auf. »Am Dienstag, dem 22. März, wird die erste Pianistin der Allergnädigsten Damen im Saal der Philharmonie ein großes Vokal- und Instrumentalkonzert geben. Eintrittskarten zum Preis von 10 Rubel [also doppelt so teuer wie für normale Konzerte, D. G.] sind im Musikaliengeschäft von Piec erhältlich und am Tag des Konzerts im Saal«, hatte das JOURNAL DE ST.-PÉTERSBOURG zuvor vermeldet. Kein Geringerer als der Zar gab sich die Ehre, das Konzert zu besuchen, und später erschien eine Kritik, die zu erklären versuchte, warum eine Dame zu Erwerbszwecken auf der Bühne erscheint: »Außerordentliches und völlig natürliches Interesse sollte die Existenz einer Frau hervorrufen, die dazu gezwungen ist, das, was ursprünglich für sie nur der Gegenstand von Zeitvertreib war, zu ihrem Beruf zu machen.«[6] Über das Spiel der Pianistin hieß es, dass sie »eine sehr seltene, sehr schwer zu erreichende Kunst erworben hat, die Kunst, ihr undankbares Instrument dazu zu zwingen, dass es singt«. Mit den Worten der Anerkennung für diese Interpretation verband sich jedoch auch ein gewisser Vorbehalt: »Wenn sie die italienischen Sängerinnen nachahmt, bedient sie sich, so wie diese, zuweilen einer allzu umfangreichen Ornamentik«, was dazu führe, dass »sie weder auf das Tempo noch auf das Metrum des aufgeführten Werks achtet«.[7] Aus den weiteren Bemerkungen kann man schließen, dass die Musik immer dann, wenn sie mit Begleitung eines Ensembles spielte, unausgewogen klang – ein Problem, mit dem Virtuosen auch heute oft nicht zurechtkommen, da sie vor allem an Soloauftritte gewöhnt sind.

---

5 Ebenda, S. 97.
6 JOURNAL DE ST.-PÉTERSBOURG 1827, Nr. 39, 31.3. (12.4.), S. 160, zit. nach Igor Bełza: Maria Szymanowska, aus dem Russ. von Jadwiga Ilnicka, Kraków 1987, S. 89.
7 Ebenda.

Nach Ostern begab sich Maria Szymanowska nach Moskau, um dort zu konzertieren. Anschließend kehrte sie nach St. Petersburg zurück und trat am 18. April im Derschawin-Saal auf, also im Haus der Witwe des russischen Ministers Gawriil Derschawin, des bedeutendsten russischen Dichters vor Puschkin. Und hier das Programm dieses Konzerts, so wie das damals in der Ankündigung formuliert wurde:

1. Ouvertüre zu Cherubinis *Anacréon*, aufgeführt auf zwei Flügeln zu acht Händen durch die Herren Reinhardt, Meyer, Hartknoch und Frau Szymanowska.
2. Ein Konzert von Naderman wird von Herrn Schulz auf der Harfe aufgeführt.
3. Fields 1. Nocturne zu Worten eines Petrarca-Sonetts; es wird Fräulein Gebhardt singen.
4. Das ausgezeichnete *Rondo* von Hummel wird von Frau Szymanowska gespielt.
5. Ein Geigensolo führt Herr Böhm auf.
6. Romanze aus Othello, gesungen von Fräulein Gebhardt.
7. Ein Potpourri aus Arien des *Freischütz* spielt Frau Szymanowska ...[8]

Drei Tage nach dem Konzert wurde der Auftritt der Pianistin in der SEWERNAJA PTSCHELA so gelobt:

Das ausgezeichnete Rondo von Hummel wurde von Frau Szymanowska mit erstaunlicher Geschicklichkeit aufgeführt. Wer das Spiel von Frau Szymanowska bei diesem Konzert nicht gehört hat, der kann keine vollständige Vorstellung von ihrem Talent haben. In diesem Saal verhallte keine einzige Note, keine einzige Bewegung ohne Effekt. Welch Gefühl, welche Glut in diesem Spiel! Man weiß nicht, was mehr zu bewundern ist, die Subtilität in den Übergängen von Ton zu Ton, von Klang zu Klang, oder der Glanz in den hohen Passagen, die Sanglichkeit (cantabile) bei der Verbindung selbst entfernter Klänge, nicht nur gewöhnlicher aufeinanderfolgender Passagen. Wir sprechen nicht von der Ge-

---

8 Ebenda, S. 92.

schicklichkeit der Finger und der Schnelligkeit, das sind notwendige Bedingungen eines Virtuosen, sondern im Spiel von Frau Szymanowska ist Seele – und das ist alles, was wir sagen können, um unsere Eindrücke zu erläutern.⁹

Derweil beendete in Rom Tatarkiewicz seine Büste der Künstlerin. Diese schrieb am 1. Mai an seinen Meister Thorvaldsen: »Ich bitte Sie sehr, dass Sie dem jungen polnischen Bildhauer Tatarkiewicz den beigefügten Brief übergeben, der eine kleine Geldsumme enthält, die für die Verpackung meiner Büste bestimmt sein soll, die Ihre unsterbliche Hand berührt hat.«¹⁰ Die Skulptur gelangte bald darauf nach Warschau. Auch Thorvaldsens Denkmal von Nikolaus Kopernikus traf ein und wurde im Mai 1830 vor dem Sitz der Gesellschaft der Freunde der Wissenschaft in der Krakauer Vorstadt in Warschau aufgestellt.

---

9 Ebenda.
10 Das Original des Briefes: https://arkivet.thorvaldsensmuseum.dk/documents/m121827,nr.50?highlight=Maria+Szymanowska

In Moskau

Die ausgezeichnete Aufnahme durch das Petersburger und Moskauer Publikum, die Aussicht auf gut bezahlte Klavierstunden – auch am Zarenhof, was sofort den Status und die Einkünfte eines Musikers erhöhten – bewogen Maria Szymanowska dazu, sich zum endgültigen Umzug nach Russland zu entscheiden. Viele Polen entschlossen sich zu einem ähnlichen Schritt, da sich die Lage im Königreich Polen unaufhörlich verschlechterte und eine Beamten- oder Militärlaufbahn eigentlich nur in Russland selbst möglich war. Nach kurzem Aufenthalt in Warschau machte sich die Pianistin also auf den Weg nach Moskau, nun zusammen mit ihren beiden Töchtern, da ihr Sohn in Warschau blieb, wo er das Gymnasium beenden sollte. Begleitet wurde sie zudem von ihrer älteren Schwester Julia, die sich um den Hausstand kümmern sollte, sowie vom Diener August. Die 16-jährige Helena führte damals ein Tagebuch und notierte hier gewissenhaft alle alltäglichen Ereignisse, wobei sie folgendermaßen begann: »Ich verließ Warschau am Donnerstag, dem 1. November 1827. Das war meine erste Reise.«[1]
Aufgrund der weiteren Einträge lässt sich der Verlauf der zweiwöchigen Reise rekonstruieren.

> Freitag, 2. [November]. Wir fuhren Tag und Nacht, wir haben nichts Auffallendes gesehen außer Siedlce, einer kleinen doch hübschen Stadt, wo wir in der Kirche waren. Zur Nacht blieben wir in Terespol, denn es war schon spät, und man kann die Grenze [zwischen dem Königreich Polen und Russland, D. G.] nur bis acht Uhr passieren. Um zehn Uhr morgens waren wir in Brest, wo wir wegen der Pässe und des Pferdewechsels einige Stunden rasten mussten.

---

1 Helena Szymanowska-Malewska: Dziennik 1827–1857. Warszawa 1999. Einträge für 1827. – Hieraus auch die folgenden Zitate.

Es ging dann weiter über Słonim (Slonim). In Nieśwież (Njaswisch) nutzten die Damen die Gelegenheit, um den Ort zu besuchen, und die 16-Jährige hielt fest: »Nieśwież, die alte Residenz der Fürsten Radziwiłł, Hauptstadt des Fideikommisses der Radziwiłł, einst reich, heute nur mehr Reste der alten Pracht. Fünf Kirchen, von denen die Pfarrkirche die schönste ist. In ihr Gräber der Radziwiłłs. Wir gingen in die Gruft und mit heiliger Ehrfurcht betrachtete ich die Leichname der bedeutenden Menschen, die ebenso wie die Leichname armer Schlucker zu Asche geworden sind.« Am Dienstag, 6. November, erreichten die Reisenden Minsk, das Maria Szymanowska bereits kannte und wo sie zwei Tage blieben.

Verursacht wurde dieser Aufenthalt durch einen ungeahnten Zwischenfall. Die Künstlerin litt unter Kreuzbeschwerden, sicherlich durch die für die Wirbelsäule ungünstige sitzende Position, in der sie einen Großteil ihres Lebens am Klavier und in Postkutschen verbracht hatte. Eine gewisse Erleichterung brachte ihr das Einreiben ihrer Schultern mit Branntwein, weshalb sie ihren Diener fortschickte, um für die Weiterreise einen Vorrat zu erwerben. Leider suchte August die Schenke mit einer Flasche auf, in der sich noch ein Rest Branntwein vom letzten Kauf befand, auf der anderen Seite der Zollgrenze. Deshalb wurde er sofort als Schmuggler verhaftet. Maria Szymanowska fuhr mit einem Empfehlungsbrief zum Gouverneur und nach längerem Hin und Her wurde der Diener entlassen – was insgesamt den Vorteil hatte, dass die Künstlerin den Gouverneur kennenlernte. Celina und Helena, die ihre Abende bislang im Kreise ihrer Familie oder ihrer Freundinnen in der Pension verbracht hatten, bekamen einen Vorgeschmack davon, wie ihr Leben in der nahen Zukunft aussehen würde: angefüllt mit gesellschaftlichen Attraktionen. Denn bald darauf besuchte Maria Szymanowska auch den Adelsmarschall im Gouvernement Minsk, Leon Osztorp, und ein weiterer Tag verlief mit Besuchen und einem Abend bei der Marschallin: »Zunächst gab es Musik, Mama, Celina und alle Fräulein Osztorp spielten. (…) Nach der Musik tanzten wir zwei Walzer und eine Mazurka. (…) Wir vergnügten uns nur bis um zehn Uhr, denn Mama war müde und wollte nach Hause.« Die Gesellschaft verließ Minsk am Donnerstagabend.

Helena beschrieb regelmäßig ihre Eindrücke. Viele Orte, durch die sie kamen, betrachtete sie im Licht der neuesten Geschichte Polens. Zum Beispiel die Beresina:

> Heute Morgen fuhren wir bei Baryssau über die Beresina, unweit des Orts, an dem Napoleon sie überquert hat. Wie traurig, sich daran zu erinnern, dass der, der zum Befreier der Polen, zum Besieger der Russen hätte werden können, durch einen Fehler die Früchte seiner Mühen, mehrere hunderttausend Soldaten verloren und seinen Ruhm verringert hat. Hätte Napoleon auf die guten Ratschläge gehört und den Winter in Wilna verbracht, das zwar den Russen gehörte, aber den Polen und ihren Verteidigern wohlgesonnen war, so hätte er sein Ziel erreicht.

Wenn man solche Bemerkungen liest, so ist leicht zu verstehen, warum man Helena in der Familie die »Patriotin« nannte.
Helenas Ansichten zeugten ebenso wie das Verhalten ihrer Onkel von einer raschen und gelungenen Assimilation der Familie. Die Frankisten spielten damals schon eine wichtige Rolle im gesellschaftlichen Leben. Gershom Scholem hat geschätzt, dass in den 1830er Jahren die meisten Warschauer Juristen aus frankistischen Familien stammten; von einem der bedeutendsten, Franciszek Wołowski, war bereits die Rede gewesen. Seit 1830 beteiligten sie sich an allen nationalen Aufständen und vergrößerten danach die Schar der Emigranten – so wie auch verschiedene Mitglieder der Familie Wołowski. Trotz einer gelungenen Integration und vieler Verdienste um die polnische Kultur wurden sie von vielen verdächtigt, dass ihre Konversion nicht aufrichtig und ihre Assimilation vorgespielt sei, wodurch ihnen unterstellt wurde, sie würden einen jüdischen Separatismus befördern. Helena Szymanowska war sich der Wurzeln ihrer Familie aber wahrscheinlich gar nicht bewusst, da sie zum Beispiel nach dem Passieren der Grenze des Königreichs Polen notierte: »Wir hielten in Kobryn an, einer eher jüdischen als ruthenischen Stadt, da sie nur von Juden bewohnt wird.« Sie muss hingegen die in ihrer katholischen Umgebung verbreiteten Stereotype gekannt haben, da sie die oben erwähnte Verhaftung des Dieners in der von einem Juden betriebenen Minsker Kneipe so kommentierte: »unsere Beredtsamkeit konnte die jü-

dische Gier nicht erweichen, denn wer geschmuggelten Wodka aufspürt, bekommt fünfundzwanzig Papierrubel«.

Nach einer weiteren durchfahrenen Nacht musste die Reisegesellschaft in Smolensk Halt machen, weil Wechselpferde fehlten. »Eine große Stadt, mit Mauern umgeben, schöne, aber heruntergekommene Häuser«. Der weitere Weg, nach der Überquerung des Dniepr, »ist nicht nur ziemlich, sondern sogar sehr langweilig«, schrieb Helena. »Von Station zu Station sehen wir nur selten ein Dorf, unterwegs begegnen wir niemandem und fahren wie durch eine Wüstenei. Die Gegend ist recht hübsch, die Felder sind weit, eine unendliche Fülle an Birken-, Kiefern-, Tannen- und Fichtenwäldern. Die Chausseen mit Birkenwäldchen gesäumt, die Straßen breit.« In Moskau traf die polnische Gruppe an einem Freitag ein, nach sechzehn Reisetagen: »Wir hielten auf der Poklonnaja Gora an, einem Berg, von dem aus ganz Moskau zu sehen ist. Der Blick ist wunderbar und die Stadt so ausgedehnt, dass man sie gar nicht ganz erkennen kann. Die Stadt ist sechsmal so groß wie Warschau.«

Die Szymanowskis stiegen in einem im Stadtzentrum gelegenen Hotel ab. Maria setzte sich sofort an den Tisch, um Briefe an Bekannte zu schreiben und sie von ihrem Eintreffen zu unterrichten. Und schon am nächsten Tag tauchen im Tagebuch der Tochter die ersten Namen auf. Die meisten von ihnen besitzen einen Titel, denn ihre Mutter hatte vor allem unter der Aristokratie Kontakte, allen voran mit Fürst Pjotr Wjasemski. Bald darauf nannte sie auch Künstler, und als ersten John Field, »der sehr lustig ist«. Am Mittag des 22. November betrat dann auf Initiative von Wjasemski Adam Mickiewicz das Leben der Fräulein Szymanowska und von Frau Szymanowska. Der Dichter, der von den Russen aus Wilna nach Zentralrussland verbannt worden war und sich nun in Moskau aufhielt, widmete der neuen Bekannten bald darauf ein Gedicht:

An M. S.

Wo Du erglänzt, an welcher Stelle auch der Welt,
Da senken Dichter, wie zu Ehr'n der Sonne Indiens
Vor Dir die Stirn, bekränzt mit nimmerwelken Blättern,
Und Deiner Ankunft singen ihre tausend Harfen.
Doch staune nicht, wenn aus der Cherubinen Chor
Ein ungewohnter, harter Schall mit Jubelrufen,

Mit Triumphgesang sich plötzlich losreißt.
Gleichwie am königlichen Hof ein Bauersmann,
Ein keck beherzter, bereit, beiseit zu stoßen alle,
Geht grad er auf Dich zu, von Herzen Dich umarmend:
Du heißt ihn hochwillkommen, Königin der Töne,
Er ist Dir lang vertraut – der Klang der Sprache Polens.[2]

Und so sah Mickiewicz in Maria Szymanowska also eine »Königin der Töne« (wobei anzumerken ist, dass in der nächsten Generation Clara Schumann von der Presse als »Hohepriesterin der Musik« bezeichnet wurde). Die Wirklichkeit, in der sich die »Königin der Töne« bewegte, unterschied sich jedoch von der, die der Dichter in seiner Einbildungskraft geschaffen hatte. Oft ist in Helenas Tagebuch als erster Eintrag des Tages zu lesen: »Mama ist am Morgen in geschäftlichen Angelegenheiten ausgegangen«. Darunter waren Unterrichtsstunden oder Vorbereitungen zu einem Konzert zu verstehen.

Der Kreis von Szymanowskas Moskauer Bekannten erweiterte sich ständig. Einige Personen kannte sie noch aus Londoner Zeiten, etwa Fürst Alexander Gortschakow. Neue Bekanntschaften schloss sie auch durch ihren Unterricht, etwa mit den Grafen Soltykow. In die Musikerkreise wurde sie von John Field eingeführt, der übrigens auch Celina unterrichtete, die gerne Klavier spielte. Sein Gesundheitszustand erlaubte ihm keine größeren Unternehmungen, und bei Szymanowskas Konzert (am 15. Dezember 1827) »führte er Mama nur herein und blätterte um«, wie Helena notierte. Mitte Januar setzte sich Field dann aber doch als Pianist neben Szymanowska, als ein Konzert im Palast des Fürsten Jusupow mit einer Ouvertüre zu acht Händen begann; anschließend spielte Maria Szymanowska solo Variationen über ein Thema aus einer Oper von Méhul sowie ein Potpourri aus Arien von Rossini. Drei Tage nach diesem Konzert reiste sie nach Kiew, um hier ähnlich wie schon vor Jahren bei den Kontrakten aufzutreten. Von hier aus ging es nach Warschau, wo sie Familien- und Eigentumsfragen zu klären hatte. Sie hätte wohl kaum vermutet, dass sie die Eltern und die Heimatstadt zum letzten Mal sah. Zu

---

2 Übersetzung von Hermann Buddensieg. Zit. nach: Hermann Buddensieg: Goethe und Polen. In: MICKIEWICZ-BLÄTTER 13 (1968), S. 1–30, hier S. 19.

ihren Töchtern kehrte sie nach den Feiertagen, mitten in der Faschingszeit, zurück.

Das Ende ihrer ersten Karnevalszeit feierten die Fräulein Szymanowska bei einem Maskenball bei der mit Mickiewicz befreundeten Joanna Zaleska (an die sich die Nachgeborenen als platonische Anbeterin des Dichters erinnern, die zudem durch eines der bekanntesten Sonette des Meisters bekannt ist, *Unsicherheit* aus dem Zyklus der Odessa-Sonette). Die Vorbereitungen hierzu hat Wjasemski beschrieben, der Szymanowska besuchte und in ihrer Wohnung

> etwas in der Art eines Irrenhauses vorfand. Ich betrachte die Gesichter und erkenne niemanden. Was geschieht hier? Die Szymanowska weiß Gott wie und mit was angezogen. Kozłowski in einem Damenkleid, mit Kissen gepolstert, eine wahre Lewicka [eine Bekannte von Wjasemski], Mickiewicz ein halber Spanier und eine halbe Spanierin. Kaum erschien ich in der Tür, da setzt mir die Szymanowska ein Barett auf den Kopf, auf die Schultern weiß Gott was, und alle bitten mich, mit ihnen zur Zaleska zu fahren, für die sie eine Überraschungs-Maskerade vorbereiten. Freilich, aber gerne. Wir fanden dort in Masken die ganze polnische Kolonie vor. Am Ende nahm ich die Verkleidung ab und blieb, zum ersten Mal in diesem Haus, in meinem Gehrock bis drei Uhr morgens.[3]

Die Tänze endeten gegen Mitternacht, danach folgten andere Attraktionen. Wjasemski bemerkt: »Mickiewicz improvisierte zu Klavierbegleitung viele Gedichte, mit ungemeiner Perfektion, sofern ich es verstehen konnte und nach der Begeisterung der Zuhörer zu urteilen. Zu meinen Ehren improvisierte er einige sehr ergreifende Couplets, dann gab ich ihm ein Thema – die Schlacht von Navarino, und es gab viele wahrhaft poetische Höhenflüge. Er schloss mit einer Phantasie zu Szymanowskas *Murmure*, seine Dichtung war nun ein Flüstern und passte wundersam zur Musik.«[4]

Umfangreicher berichtete Helena über diese ungewöhnliche Nacht:

---

3 Sudolski, Panny Szymanowskie, S. 55 f.
4 Ebenda, S. 56.

Nach dem Maskenball wurde getanzt, und nach dem Abendessen improvisierte Mickiewicz. Zunächst sprach er selbst, und dann bat er, dass man ihm Themen nenne. Fürst Wjasemski gab ihm die Schlacht von Navarino, die er so besang, als habe er es schon längst vorbereitet. Mickiewicz, die Pfeife rauchend, nähert sich dem Klavier, die begleitende Person spielt die Melodie von *Laura und Filon* [ein bekanntes polnisches Lied, d. Ü.] und er singt improvisierend. Sein Gesicht hellt sich plötzlich auf, seine Augen glänzen mit dem Licht des Genies, seine so ruhige Haltung lässt leicht erkennen, dass ihn das nicht die geringste Anstrengung kostet. An diesem Abend hat unser berühmter Dichter drei Sachen improvisiert: Eine auf die Melodie von *Filon und Laura*, die zweite auf die Melodie von *Non piu andrai* und die dritte auf *Murmure*. In der ersten gab es am meisten Witz, denn sie passte zum heutigen Abend, in der zweiten Tiefe und Neuartigkeit des Gedankens in Verbindung mit bestem Geschmack, in der dritten zeichnete sich der Dichter durch Zärtlichkeit und Annehmlichkeit der Ausdrücke aus, und da es Triolette waren, wiederholte er sie mehrmals, jedes Mal schöner. Wir kehrten um vier Uhr nach Hause zurück, nachdem wir uns auf das Allerbeste vergnügt hatten.[5]

Noch im November des Vorjahres hatte das JOURNAL DE ST. PÉTERSBOURG seine Leser informiert, dass Maria Szymanowska bald nach Sankt Petersburg kommen und sich hier niederlassen werde, um Unterricht zu erteilen. In den ersten Jahrzehnten des 19. Jahrhunderts stand in den reichsten Familien alles hoch im Kurs, was mit europäischer Kultur zu tun hatte, und dazu gehörte nicht zuletzt das Spiel auf einem Instrument. Für eine Stunde Privatunterricht bei einem renommierten einheimischen Pianisten wurden durchschnittlich 19 Rubel gezahlt. (Über die Lebenshaltungskosten im damaligen Sankt Petersburg schrieb Leon Sapieha an seine Mutter: »Das Leben hier ist vielleicht nicht teurer, aber zumindest ebenso teuer wie in England, und dabei herrscht hier so ein Luxus, dass man jemanden mit Schmutz bewerfen würde, würde er nicht gewisse Ausgaben machen. (…) Das allerelendiglichste Essen kostet hier 5 bis

---

5 Szymanowska-Malewska, Dziennik, Einträge für 1827.

6 Rubel.«⁶) Ausländische Virtuosen konnten sogar ein Mehrfaches verlangen, und Szymanowska galt als Ausländerin, noch dazu umstrahlt durch ihre Erfolge in England, Frankreich, Deutschland und Italien. Nach dem Ende des Karnevals ordnete sie also an, die Sachen zu packen und abzureisen. Helena beklagte die Trennung von ihren Moskauer Bekannten sehr, zumal sie kurz zuvor ihre Warschauer Bekannten schon hatte verlassen müssen. »Eine hervorragende Straße«, notierte sie auf der Fahrt nach Norden. »Die ganze Zeit schlafe ich, und das ist gut, da ich meistens davon träume, dass mich das liebe Fräulein Alexandra mag, aber wenn ich aufwache, bleibt nur die Trauer, dass ich allein im Traum so glücklich bin.«⁷ Nach Sankt Petersburg brauchten sie vier Tage, am Freitag, 29. Februar, kamen sie um acht Uhr morgens an.

---

6   Syga/Szenic, Maria Szymanowska, S. 391.
7   Szymanowska-Malewska, Dziennik, Einträge für 1828.

Petersburger Pflichten

Direkt vor Szymanowskas Ankunft in Sankt Petersburg brachte das Bulletin du Nord einen kleinen Artikel über sie, wo es zu ihren Plänen heißt: »Sie lebt nur für ihre Kinder, ist immer bereit, für sie Opfer zu bringen und hat beschlossen, sich dem Musikunterricht zu widmen – einer Beschäftigung, die für Frauen zweifellos anstrengend ist; und so hoffen wir aufrichtig, dass jeder, der eine Neigung zum Klavierspiel verspürt, sich um das Recht bewirbt, sich einen Schüler einer in jeder Hinsicht so bedeutenden Person nennen zu dürfen.«[1] Um dieses »Recht« begann man sich tatsächlich rasch zu bewerben, und am 25. März 1828 vermerkte Helena: »Heute hat Mama begonnen, im Kaiserlichen Institut und für die Tochter der Baronin Rożen [Rosen?] Unterricht zu geben.« Am 15. April: »Vor dem Mittagessen war Mama bei Frau Sjeniawin, der sie Unterricht erteilen wird, und bei Baronin Nicolai, deren Tochter sie ebenfalls unterrichten wird.« Der nächste Tag brachte eine besondere Nachricht: »Vor dem Mittagessen war Mama bei Frau Longinow, deren Mann sagte, dass sie die Großfürstin Maria unterrichten wird, die älteste Tochter von Kaiserin Alexandra.« Nikolai Longinow war ein hoher Hofbeamter, und deshalb war die Information, dass Maria Szymanowska die 9-jährige Maria unterrichten werde, durchaus glaubwürdig. Sie führte dazu, dass Szymanowska in den Petersburger Salons noch stärker nachgefragt wurde und dass sie für Klavierstunden den höchsten Satz nehmen konnte. Eine Woche später schrieb Helena: »Am Morgen sind Mama und ich ins Kloster der Kaiserinmutter gefahren, dann kehrten wir nach Hause zurück und Mama fuhr an verschiedene Orte, um Stunden zu geben. Samstag [26. April], wir waren den ganzen Tag zu Hause, Mama gab morgens Unterricht.« Durch ihre Klavierstunden knüpfte die Pianistin Kontakte, die sich nicht selten zu engen Bekanntschaften entwickelten. Wieder Helena: »Donnerstag, 25. [Dezember 1828]. Heute bekam Mama

---

1 Bełza, Maria Szymanowska, S. 117 f.

vier Schüler: Frau Diwow, Fürstin Jusupow, Fräulein Butrimow und zwei Fräulein Middleton, die Töchter des amerikanischen Botschafters.« Frau Diwow wurde zu einem häufigen Gast im Haus der Szymanowska, ähnlich die Middletons, mit denen sich Celina und Helena anfreundeten. Pädagogisches Repertoire war Goldes wert. In Paris hatte Maria Szymanowska das dreibändige Handbuch von Hélène de Montgeroult *Cours complet pour l'enseignement du forte-piano* erworben, und als sie in Moskau war, hatte sie es unvorsichtigerweise Ignacy Platon Kozłowski gezeigt. Der alte Bekannte aus Wilna führte hier jetzt eine Musikschule für Mädchen und bat sie deshalb, ihm dieses unschätzbare pädagogische Werk auszuleihen. Allerdings beeilte er sich später nicht, es zurückzugeben, obwohl in dieser Angelegenheit sogar Mickiewicz intervenierte und seinen Freund aus alten Zeiten, Cyprian Daszkiewicz, überredete, diese Noten Kozłowski abzuluchsen, denn:

> die arme Szymanowska hat nichts, was sie für ihren Unterricht nutzen kann und ist damit beschäftigt, Hefte vorzubereiten und Noten zu schreiben, die sich bei Frau Mongeroult [sic!] fertig finden. Sie fleht Kozłowski vergeblich an, verwünscht ihn; es ist nicht möglich, die Bücher rasch aus Paris herbeizuschaffen und man müsste viel dafür zahlen. Die Szymanowska weint, sooft sie davon spricht (…). Erbarme dich, erbarme dich, erbarme dich, versuche alles, und ziehe ihm mit Gewalt die namentliche Frau Mongeroult aus der Nase.[2]

Die »Fortepianistin der Kaiserinnen« hatte Pflichten bei Hof, und so notierte Helena an einem Septembertag: »Mama ist für den ganzen Tag nach Zarskoje Selo gefahren.« Ende Oktober starb jedoch die Witwe Pauls I. und Mutter Alexanders I., womit auch die zweite der Kaiserinnen nicht mehr lebte, die ihr jenen Titel verliehen hatten (die Gattin von Alexander I. war zwei Jahre zuvor gestorben). Sie war jedoch weiterhin oft im Palast, was die Vermutung zulässt, dass eine Quelle nicht geringer Einnahmen für sie auch die Beteiligung an den Hofkonzerten war. Aus einem Brief von Anfang November 1828 an Thorvaldsen geht allerdings hervor, dass der Aufenthalt in Sankt Petersburg weniger lukrativ sei als gedacht, und

---

2 Zit. nach Syga/Szenic, Maria Szymanowska i jej czasy, S. 398.

auch das Klima sei ihr nicht zuträglich, weshalb sie es gerne gegen Rom eintauschen würde.

Gelegentlich trat Maria Szymanowska öffentlich auf. Anfang April 1828 berichtete das JOURNAL DE ST.-PÉTERSBOURG, dass für das am 9. April geplante Konzert bereits Eintrittskarten erhältlich seien. Sie kosteten sicherlich 10 bis 15 Rubel, der Saal fasste 100 bis 150 Personen, und somit hatte die Künstlerin die Aussicht auf Einnahmen in Höhe von mindestens 1500 Rubel, auch wenn es wahrscheinlich mehr als 2000 gewesen waren. Bald darauf spielte sie erneut, diesmal in einem Saal, den Graf Alexander Kuschelew-Bezborodko zur Verfügung gestellt hatte. Helena vermerkte: »Es waren viele Menschen da und Mama wurde hervorragend aufgenommen«. Der von ihrem Spiel begeisterte Kritiker der SEWERNAJA PTSCHELA schrieb, dass die Pianistin »im Adagio unvergleichlich« sei (sie spielte das Konzert von Klengel), und verlieh der Hoffnung Ausdruck, dass ihr »herzgreifender« Stil in Sankt Petersburg übernommen werde. Im April 1829, als Maria Szymanowska in dem ihr bereits vertrauten Saal im Haus von Derschawin auftrat, »schickte der Allergnädigste Herr Mama ein sehr schönes Geschenk für das Konzert«, hielt Helena fest. Im März 1830 ließ sie sich gemeinsam mit der Harfenistin Aline Bertrand hören, einer französischen Virtuosin, die in ganz Europa auftrat und überall auch unterrichtete, so wie Szymanowska noch vor wenigen Jahren. Zwei Tage später beteiligte sie sich am Konzert eines niederländischen Gitarristen, den sie auf dem Harmonium begleitete. Für 1831 finden sich in Helenas Tagebuch Informationen über zwei öffentliche Konzerte ihrer Mutter.

> Freitag [2. April 1831]. Heute war Mamas Konzert. Die Kaiserin konnte sich wegen einer Schwäche selbst nicht einfinden, aber sie schickte Graf Moden und Fürst Wolkonski, um Mama zu sagen, dass es ihr Leid täte, dass sie nicht könne. Sie war so gnädig, dass sie allen gesagt hatte, dass sie wünsche, dass sie zum Konzert kommen. Die Gesellschaft war so gut wie nur irgend möglich. Graf Kotschubej mit Gattin, Graf Nesselrode, der Außenminister etc. etc.[3]

---

3 Szymanowska-Malewska, Dziennik, Einträge für 1831.

Und ähnlich im Herbst des Jahres: »Freitag [8. Oktober 1831]. Heute hat Mama eine matinée musicale im Derschawin-Saal gegeben. Er war voller Menschen. Frau Sontag sang wie ein Engel eine Romanze aus dem *Freischütz*, aus *Othello* [von Rossini], eine Arie aus der [*Diebischen*] *Elster* und auf allgemeines Verlangen *Solowej*« (das Lied *Die Nachtigall* mit der Musik von Alexander Aljabjew war zwei Jahre zuvor erschienen und rasch zu einer der beliebtesten russischen Melodien geworden).

Zu den Einnahmen von Maria Szymanowska trug auch der Notenverkauf bei. Michail Glinka nahm ihre Lieder in sein *Lyrisches Album für das Jahr 1829* auf, in dem sie neben seinen Romanzen standen. Beliebt war vor allem *Pieśń o Wilii* (Lied über die Wilia), das sogar – eine russische Besonderheit – für ein Orchester nur aus Hörnern arrangiert wurde. Vor allem aber boten die Musikalienhandlungen ihre Klavierminiaturen an, die von mehreren Verlegern neu aufgelegt wurden. 1828 erschien in Sankt Petersburg die Nocturne *Le Murmure*, die zuvor in Paris und Leipzig erschienen war, und machte Furore. »Ich hatte sie schon in vielen Häusern gehört«, erinnerte sich Morawski. »Fast alle Frauen der Hauptstadt haben sie geklimpert, und wenn du bei offenen Fenstern durch die Straßen gingst, hast du sie gehört.«[4] Das im Titel genannte Murmeln erinnert zwar eher an ein Prélude oder eine Etüde als an eine Nocturne, wie sie zuvor von Field komponiert worden war und später dann von Chopin, doch sicher machte sich niemand Gedanken darüber, dass der Gattungsname kaum zur Musik passte, da dieser suggestive Titel die Phantasie sehr stark anregte. *Le Murmure* gab es auch in einer Fassung für Klavier zur drei Händen, die durch den größeren Tonumfang noch mehr Eindruck machte als das Original (Abb. 16).

Stanisław Morawski, ein häufiger Gast im Haus der Pianistin, schrieb viele Jahre später anerkennend über ihr damaliges Tun:

> Szymanowskas fortwährende, andauernde, rastlose Aktivität war bewundernswert. Es war schwer zu begreifen, wie sie bei diesem Lebenswandel, zu dem sie die Umstände zwangen, Zeit für alles hatte. Die Besuche, die sie empfing, die ständigen musikalischen Vormittage und Abende, zu denen Scharen von Liebhabern bei ihr

---

4 Morawski, W Peterburku, S. 174.

Abb. 16: Beginn der dreihändigen Fassung des Nocturne *La Murmure* in einem Notendruck aus Sankt Petersburg. Quelle: imslp.com.

zusammenkamen, die ständigen Bitten von nach Sankt Petersburg kommenden Künstlern, ihr eine Kostprobe ihres Talents zeigen zu dürfen, wofür sie alle Berühmtheiten der Hauptstadt zu sich einladen musste, die Unterrichtsstunden, die sie den ersten Damen im Lande gab, die Erziehung der eigenen Töchter, die eigene Perfektionierung am Instrument und die Arbeit, zahlreiche Kompositionen, von denen viele nicht verlegt worden sind, all das, was die gesamten vierundzwanzig Stunden eines jeden Tages verschlang, schien zu belegen, dass diese Frau, nur durch mütterliche Liebe und Aufopferung genährt und angetrieben, in der Lage war, diese Mühen zu meistern.

Ergänzen wir hierzu die unzähligen Korrespondenzen, zu denen sie nach der Sitte aller hochgebildeten Damen gezwungen war und zu denen sie selbst große Lust hatte. (…) Ihr Schreibtisch war mit Stapeln von Briefpapier unterschiedlichster Größe bedeckt, auf dem sie zehn und mehr Bögen beschrieb, wobei sie mit den Anwesenden scherzte und sich unterhielt (…). Ihr Stil war angenehm und leicht, nicht nur in den Briefen, sondern auch dann, wenn sie zu ihrem Vergnügen eine literarische Blüette [ein kleines witziges Bühnenstück – D. G.] schrieb; ihre Handschrift war schön, wenn sie wollte, also wenn sie etwas langsamer schrieb. Aber selten reichte ihr dafür die Zeit; deshalb habe ich viele ihrer Briefbögen, auf die sie nur eine oder zwei Zeilen geworfen hatte – und von solchen Bögen schickte sie eigenhändig Tag für Tag mindestens dreißig an die unterschiedlichsten Personen.[5]

Sie korrespondierte viel. Nicht nur mit ihrer Familie, sondern auch mit alten Bekannten wie Friedrich von Müller und Ottilie von Goethe in Weimar oder Pierre Baillot in Paris. Sie schrieb auch Empfehlungsschreiben, da sie wusste, wie wichtig sie sein konnten, um gute Kontakte zu knüpfen. Auf diese Weise unterstützte sie auch Mickiewicz, als dieser endlich die Erlaubnis erhalten hatte, Russland zu verlassen, und sich auf den Weg nach Deutschland machte. »Was soll ich meiner guten Dame über Berlin schreiben«, konnte sie kurz darauf in einem Brief des Dichters lesen. »Ich war beim alten Zelter, er schätzt mich sehr, denn er sagt, dass Madame Szymanowska *sehr klug und sehr gescheidt* über mich geschrieben habe, dass ich ein großer Dichter sei.«[6] Nach der Ankunft in Dresden und Karlsbad begab sich Mickiewicz in Begleitung von Antoni Odyniec nach Weimar, wo beide Dichter im Gasthaus »Elephant« abstiegen, woraufhin sie sich mit Briefen von Maria Szymanowska zu Ottilie von Goethe begaben. Am nächsten Tag trafen sie Goethe selbst, der sie mit den Worten empfing: »Bitte verzeihen Sie, dass ich Sie habe warten lassen. Ich freue mich sehr, dass ich Freunde von Frau Szymanowska sehe, die auch mich zu ihren Freunden zählt.«[7] Von Goethe und seiner Schwiegertochter überredet, hielten sie sich bis Ende August in Weimar auf und nahmen an den Feiern zum 80. Geburtstag des »Dichterfürsten« teil. Und Maria Szymanowska? Die »Königin der Töne« war halb so alt wie er, da sie 1829 40 Jahre alt wurde.

---

5 Morawski, W Peterburku, S. 183 f.
6 Brief an Maria Szymanowska, Berlin, 12.6.1829. In: Adam Mickiewicz: Dzieła, Bd. XIV: Listy, 1. Teil/Teil 1. Hrsg. Von Julian Krzyżanowski, Warszawa 1955, S. 496 f.
7 Übersetzt nach dem französischen Original nach Rolf-Dietrich Keil: Mickiewicz bei Goethe. In: Jochen Golz, Wolfgang Müller (Hrsg.): »Von Pol zu Pol Gesänge sich erneun …«. Das Europa Goethes und seine Nationalautoren. Weimar 2001, S. 126–134, hier S. 130.

Zeitvertreib in Sankt Petersburg

Gleich nach der Ankunft in Sankt Petersburg mietete Maria Szymanowska eine Wohnung im ersten Stock – dem repräsentativen »piano nobile« – in der Italianskaja 15. Am 27. Juni 2013 wurde an der Außenwand des Gebäudes eine Gedenktafel angebracht, die mitteilt, dass in dem früher hier stehenden Haus Maria Szymanowska gewohnt hat. Die Straße befand sich im Zentrum, unweit des Michailowski-Platzes (heute trägt er den Namen »Platz der Künste« und ist das »musikalische Herz« von Sankt Petersburg, da sich hier das Kleine Opernhaus – das Michailowski-Theater – sowie die Philharmonie befinden, die alle nach dem Tod von Maria Szymanowska entstanden sind). Am Tag nach ihrer Ankunft, an einem Sonntag, wurden die Damen von dem sich in Sankt Petersburg aufhaltenden Franciszek Malewski besucht, der so wie Mickiewicz der Wilnaer Untergrundvereinigung der Philomathen angehört hatte und den Dichter auf seiner Verbannung nach Russland begleitet hatte. Er bemerkte die fehlende Möblierung der Wohnung, verließ sie und kam nach kurzer Zeit mit einigen Stühlen zurück – sowie mit Mickiewiczs Versdichtung *Konrad Wallenrod*, die soeben erst gedruckt worden war. Die Wohnung beschrieb Morawski viele Jahre später folgendermaßen: »groß, ziemlich bescheiden, aber sehr anständig ausgestattet, sie musste notwendigerweise geräumig sein, denn neben einem Salon und einem Boudoir für die Gäste mussten in ihr noch sie selbst, zwei Töchter, ihre Schwestern Kazimiera und Julia sowie ihr Bruder Teodor untergebracht werden [Teodor und Kazimiera waren später eingetroffen, D. G.], der bei uns wegen seiner dünnen Stimme auch als Fräulein galt, und schließlich war Platz für die Küche und die Bediensteten vonnöten.«[1]
Maria Szymanowska führte ein offenes Haus. »Wie die Arme dem allem in einer so kostspieligen und luxuriösen Stadt durch ihre Arbeit gerecht werden konnte«, erinnerte sich Morawski, »das war schon ein Geheimnis ihrer

---

1 Morawski, W Peterburku, S. 185.

seltenen Verwaltungskünste, ihrer Vernunft und ihres Takts. Nicht nur war dort nie Gedränge und Geiz zu sehen, sondern freilich, jeder Umstand zeigte dem aufmerksamen Auge diesen glücklichen und von jedem Zwang freien Wohlstand.«[2] Er erinnerte sich auch an die Tafelfreuden:

> Zuweilen bemühte sich ihr Haushofmeister und Hofverwalter, ihre herzensgute Schwester Julia, bei den für uns gegebenen wundersamen Essen der Szymanowska neben französischen Kreationen den Landsleuten auch eine nette Überraschung zu bereiten und uns einen viel verlockenderen Teller litauische Kaltschale, polnischen Barschtsch oder eine Schale unserer vortrefflichen Fleischrouladen sowie wie auf der Zunge zergehendes gedünstetes Kraut aufzutischen. Diese Momente beim lustigen Mahl (…), die inmitten guter Frauen verflossen, die mit allen Reizen des Geistes und des Körpers glänzten, zähle ich auf immer zu den glücklichsten Augenblicken meines Lebens.[3]

Den zentralen Platz im Salon nahm der Londoner Broadwood ein. Auf ihm lagen Noten, manchmal ließen sich auch Vögel darauf nieder, denn wie Morawski sich erinnerte: »die durch die Zimmer fliegenden Kanarienvögel setzten sich, sobald sie sich zum Klavier begab, so als würden sie verstehen, dass ihre Seele dann mit Gott redete, auf den Notenständer und lauschten aufmerksam ihren Tönen«.[4] In diesem Haus konnten die Kanarienvögel flattern, ohne um den Verlust ihres Lebens bangen zu müssen, denn Szymanowska verabscheute Katzen und der Besitz eines so modischen, pelzigen Jüngers kam überhaupt nicht in Betracht.
Helenas Tagebuch berichtet, dass es in ihrem Haus keinen Tag ohne Besuche gab, oft waren es mehrere, denn bei ihrer Mutter traf sich die Petersburger Society. Die Künstlerin unterhielt enge Kontakte zur verzweigten Familie Golizyn (Galizyn). Und so kam Sergej zu Besuch, ein Dichter und Musikliebhaber, zudem ein ausgezeichneter und witziger Geschichtenerzähler, aber auch eine alte Bekannte aus Warschau, Aleksandra, die eine geborene Chodkiewicz war und nun Golizyn hieß. Viele Polen besuchten

2   Ebenda.
3   Ebenda, S. 185 f.
4   Ebenda, S. 180.

die Szymanowska regelmäßig, und Morawski konnte schreiben: »In der Stadt, wo ich von aristokratischem Stolz durchdrungen war, fanden Polen lediglich, vielleicht überhaupt und ausschließlich bei ihr die Gelegenheit, Personen kennenzulernen, die auf den höchsten Stufen standen.«[5] Zur zahlreichen polnischen Kolonie gehörten – um Leon Sapieha zu zitieren – »ehemalige Schüler der Universität Wilna, die zum öffentlichen Dienst in verschiedenerlei Berufen gezwungen waren« (so wie Daszkiewicz, Malewski oder Mickiewicz).[6] Auf eigenen Wunsch kamen Vertreter unterschiedlicher Berufe nach Sankt Petersburg, da die Beschränkungen, denen Polen im Königreich Polen unterlagen, diese dazu veranlassten, sich in Russland niederzulassen, wo sie keine vergleichbare Diskriminierung erfuhren. Aus diesem Grund hatte sich auch Teodor Wołowski seiner Schwester angeschlossen, der eine Beamtenlaufbahn absolvierte. Der Zarenhof zog auch Aristokraten an, wie eben die Familie Sapieha.
In der Italianskaja waren oft Musiker zu Gast, sowohl Liebhaber als auch Profis. So konnte man hier den Grafen Michał Wielhorski antreffen, einen Cellisten, der die Kaiserlich-Russische Musikgesellschaft in Sankt Petersburg gegründet hatte und leitete, aber auch Alexej Lwow, einen Adjutanten von Nikolaus I., der Geiger war, die Hofkapelle dirigierte und beliebte Romanzen komponierte. Auch Michail Glinka fand sich ein, der sich später daran erinnerte, dass die beiden Töchter der Gastgeberin gut sangen, was er nicht zuletzt bei der Interpretation seiner eigenen Lieder feststellen konnte. Die Pianistin wurde von ausländischen Virtuosen aufgesucht, die nach Sankt Petersburg gekommen waren und mehrmals gemeinsam mit ihr konzertierten. Im März 1828 hatte sie so die Gelegenheit, ihre Bekanntschaft mit Angelica Catalani aufzufrischen, und zwei Jahre später traf sie sich mit Henriette Sontag. Auch Grzegorz Kątski hielt sich zusammen mit seinem phänomenal begabten Sohn, dem 12-jährigen Pianisten Antoni, bei Maria Szymanowska auf.
Die Petersburger Gesellschaft mochte den Zeitvertreib, und so war jeder Anlass ein guter Vorwand für ein Konzert und Vergnügungen. Einige Feste wurden mit solcher Verve und unter Beteiligung so vieler Menschen organisiert, dass ein ganzes Theater gemietet werden musste, etwa bei

---

5   Ebenda, S. 175f.
6   Leon Sapieha: Wspomnienia z lat od 1803 do 1863 r., Lwów 1913, S. 79.

einer Namenstagsfeier im September 1829, an der Maria Szymanowska mit ihren Töchtern teilnahm. Helena beschrieb im Einzelnen, was sich dort zutrug, weshalb wir Folgendes wissen:

> Das Theater war im ersten Saal sehr schön ausgeschmückt, es gab Dekorationen aus frischen Bäumen. Das Programm bestand aus: 1. Ouvertüre. 2. Duett von Herz für Klavier und Harfe; Mama und Frau Betrand. 3. Szene aus *Preciosa* (…). 4. Tableau. Die hl. Cäcilie. Fräulein A. Bałgiańska. Es wurde *Le Murmure* gesungen und das Finale aus *Der Messias*. 5. Ruthenische Szene. (…) Dann haben wir viel getanzt und es gab ein Abendessen im Theater. Es gab so viele Tische und Bühnen (…). Am Ende wurden Toasts ausgebracht, zuallererst für das Namenstagskind, dann für uns alle. Wir haben uns vorzüglich unterhalten.[7]

In bescheidenerem Rahmen, aber mit nicht geringerer Phantasie wurde der Namenstag von Maria Szymanowska selbst begangen, der auf den 10. Dezember fiel. Es ist wiederum Helena, die uns mitteilt, dass im Dezember 1828 »die Herren Mickiewicz, Malewski, Chodźko, Soizin und Puchalski am Morgen gekommen sind, um Mama zu gratulieren. Als wir von Fürst Golizyn zurückkamen, fanden wir ein großes Kostümkonzert vor. Herr Malewski improvisierte auf dem Klavier einen Triumphmarsch. Herr Mickiewicz begleitete auf dem Violoncello und Herr Slizin auf der Gitarre. (…) Das war eine Surprise für Mama, die uns sehr amüsierte.«[8]
In der Faschingszeit waren Vorwände wie Namenstage nicht nötig, und so wurden im Januar 1829 »lebende Bilder« für Maria Szymanowska rein zum Amüsement veranstaltet. Musik gab es nicht viel, aber das Ganze war poetisch gedacht. Helena schildert die Szenerie:

> Am Abend war Mama zu Fürst Kurakin gefahren. Die Herren Mickiewicz, Malewski, Chodźko, L. Slizin, Ożarowski i Wańkowicz kamen zu uns und bereiteten unter Leitung von Herrn Mickiewicz eine Überraschung für Mama vor.

---

7 Szymanowska-Malewska, Dzienniki, Eintrag vom 10.9.1829.
8 Ebenda, Einträge für 1828.

Bilder.
1. Flora und Zephyr. Flora: L. Slizin in einem schwarzen Merino-Kleid, eine schwarze Haube auf dem Kopf, weißer Kragen, schwarzer Schal, in der Hand zwei Blumentöpfe. Zephyr: Herr Wańkowicz, ausstaffiert mit einem grünen Tuch, an das er Papierflügel geheftet hatte, vor Flora kniend.
2. Andromache und Hektor. Andromache – Herr Chodźko in einem dunklen, groben Seidengewand, mit weißer Haube, Locken, Papierfächern. Hektor – Celina. Auf einem schwarzen Kleid die Uniform von Herrn Lucjan, ein passender Hut, in der Hand einen Säbel.
3. Penelope und Ulysses. Penelope – Teodor in einem schwarzen Gewand aus grober Seide, weiße Haube, darauf ein schwarzes Barret, in der Hand eine Gitarre und eine Flasche Kölnisch Wasser. Ulysses – ich. Der auf links gedrehte Mantel von Herrn Malewski, Papierhut, gezogener Degen, Schnurrbart, Backenbart.
4. Osiris-Priester. Herr Malewski. In ein weißes Bettlaken und ein grünes Tuch gekleidet, auf der Brust statt einer Sonne ein runder Lampenständer.
5. Apollo von Belvedere. Herr Ożarowski, in Teodors Decke gewickelt, auf dem Kopf mein Kissen, auf das Herr Wańkowicz mit Kohle eine Sonne gemalt hatte, auf einem Cello spielend.
6. Die Tochter des Pharaos. Herr Benikowski in Teodors auf links gedrehtem Mantel, mit einem Turban aus einem karmesinroten Schal.

Diese Überraschung belustigte Mama sehr.[9]

Die Revanche fand am 3. Februar statt. Diesmal war die Inspiration für die »lebenden Bilder« das Erscheinen der ersten, zweibändigen Ausgabe von Mickiewiczs Dichtungen. Sie war in Sankt Petersburg herausgekommen, wo die Zensur milder war als im Königreich Polen. Das musikalische Programm dieser Inszenierung ist bemerkenswert, da es von Maria Szymanowska zu Texten Mickiewiczs komponierte Werke enthielt. Die Bilder selbst bezogen sich auf Dichtungen wie *Wajdelota*, *Świtezianka* oder *Budrys*, die heute zum Kanon der polnischen Literatur gehören. Helena notierte: »Mickiewicz war sehr zufrieden.«[10] Musikalisch war Szymanowskas *Le Murmure* zu hören, allerdings hier als Begleitung zu Worten aus Mickiewiczs Gedicht *Lied über die Wilia* (»Wilija, naszych strumieni rodzica...«) aus seiner Versdichtung *Konrad Wallenrod*. In dieser von Maria Szymanowska selbst veränderten Fassung stellten die Klavier-Figurationen nun kein Rauschen mehr dar, sondern die Wellen des Flusses

---

9 Ebenda, Eintrag vom 12.1.1829.
10 Ebenda, Eintrag vom 3.2.1829.

Abb. 17: Beginn des *Lieds von der Wilia*, in dem Maria Szymanowska ihr Nocturne *Le Murmure* wiederverwertete. Wieder abgedruckt in der 1864 in Paris erschienenen Sammlung *14 Hymnes et Chants Nationaux Polonais*. Quelle: polona.pl

Wilia. Celina, die in die Rolle der leidenden Aldona geschlüpft war, sang in klagendem f-Moll:

> Wer zählt die Seufzer, Tränen, die vergossen,
> die mir entströmten in so langer Zeit?
> Liegt soviel Weh in Brust und Aug beschlossen,
> Daß es zernagt der Gitter Festigkeit?[11]

Diese Komposition von Maria Szymanowska war einige Monate zuvor in Sankt Petersburg mit dem von Mickiewicz entlehnten Titel *Pieśń z wieży* (Lied vom Turm) erschienen, und zwar gemeinsam mit *Pieśń o Wilji* (Lied von der Wilia, Abb. 17) und der Ballade *Alpuhara*, die bei den lebenden Bildern von Teodor gesungen wurde. Zu Weihnachten 1828 schrieb Tomasz Zan aus der Verbannung im Ural an seinen Freund Adam Mickiewicz: »Gerade sind auch die drei Lieder aus Wallenrod eingetroffen, die Szymanowska vertont hat. Mir scheint, dass auf dieser Welt keine

---

11 Adam Mickiewicz: Konrad Wallenrod. Geschichtliche Erzählung aus Litauens und Preußens Vorzeit. Nachdichtung: Arthur Ernst Rutra. Rendsburg 1990, S. 29.

Abb. 18: Beginn der Ballade *Świtezianka* aus dem Moskauer Druck von 1830.
Quelle: polona.pl

anderen Noten zu ihnen passen würden, so einträchtig, so wunderbar, so angenehm passen sie zum Charakter der Dichtung selbst.«[12]

Die Ballade *Świtezianka* (Die Wassernixe, Abb. 18), die Szymanowska Joanna Zaleska widmete, erschien etwas später – im Jahre 1830 – in Moskau. Viele Jahre später rief sie besonderes Interesse hervor, wenn auch eher unter Musikwissenschaftlern als unter Musikern. Celina, die sie bei den lebenden Bildern in Sankt Petersburg gesungen hatte, führte sie vermutlich auch später auf, in Paris, als sie bereits mit Adam Mickiewicz verheiratet war. Es ist also anzunehmen, dass auch Fryderyk Chopin die Gelegenheit hatte, sie zu hören, und in seiner *Ballade F-Dur* vermuten einige Kenner gewisse Ähnlichkeiten zu Szymanowskas Lied, zumal beide in derselben Tonart stehen.

Zum guten Ton, ja geradezu zu den gesellschaftlichen Pflichten gehörte es, die Abende in der Oper oder im Theater zu verbringen. Aus diesem Grund fanden Privatkonzerte, also die »Musiken«, meistens mittags statt, zu einer damals völlig normalen Zeit, denn wer dazukam, hatte schließlich keine beruflichen Pflichten. Helenas Tagebuch erwähnt viele solche »Musiken«, die ihre Mutter organisierte, manchmal sogar alle paar Tage. Zwischen zehn und mehr als zwanzig Gäste kamen hinzu; eine Rekordzahl hatte die »Musik« am Sonntag, 11. April 1830. Helena

12 Syga/Szenic, Maria Szymanowska i jej czasy, S. 416.

verzeichnete damals nicht weniger als 37 Gäste, darunter einige Fürsten (Wolkonski mit Tochter und Sohn, die Golizyns, Sapieha, Wjasemski) und Grafen, zwei Generäle, der französische Botschafter und die Gemahlin des englischen Botschafters. Leider hat sie das Programm dieses Hauskonzerts nicht ebenso sorgfältig verzeichnet wie den gesellschaftlichen Status der Besucher, weshalb wir nicht wissen, welche Musik im Salon der Italianskaja 15 damals zu hören war.

Es gab Tage, an denen eine außerordentliche gesellschaftliche Aktivität herrschte. Im Januar 1830 verzeichnete Helena: »Mittwoch [13. Januar]. Heute ist hier Neujahr. Wir waren mit Glückwünschen bei …«, und nun nennt sie neun Häuser, die sie mit ihrer Mutter und Schwester vor dem Mittagessen aufgesucht hatte, und dann die Namen von 20 Personen, die ihnen wiederum Besuch abstatteten. Das Essen nahmen sie daheim ein, in der Gesellschaft von vier Gästen, dann fuhren sie

> zu einer Hof-Maskerade, von der es hieß, dass jeder das Recht hatte, zu kommen, denn heute waren mehr als 20 Tausend Menschen da. Wegen des großen Gedränges musste jede von uns einen Kavalier haben. Herr Ożarowski reichte mir die Hand, Graf Lubecki reichte sie Cecylia, Herr Puchalski gesellte sich zu Celina und Teodor zu Mama. Nachdem wir eine Polonäse angeschaut hatten, der der gesamte Hof angehörte, gingen wir zu Frau Łabęcka, die uns ihren prächtig beleuchteten und ausstaffierten Speisesaal zeigte, dann stellten wir uns in die Orangerie, um den Umzug des gesamten Hofstaats und des kaiserlichen Paares zum Abendessen zu sehen, und als sie sich schon gesetzt hatten, wurden wir hereingelassen, um zu sehen, wer wo sitzt.[13]

Beim Nachhausekommen stellte sich heraus, dass dort schon weitere Gäste warteten, also feierte man weiter. Zwei Tage später gab es bei Maria Szymanowska erneut einen Ball, bis zwei Uhr in der Nacht: »Der Krakowiak mit Gesang war unvergesslich. Die Herren Prószyński und Tyś führten einen Kasatschok auf.«[14]

---

13 Szymanowska-Malewska, Dzienniki, Eintrag vom 13.1.1830.
14 Ebenda, Eintrag vom 15.1.1830.

Eine bezaubernde, aufgeklärte und pragmatische Frau

Es haben sich fünf Porträts von Maria Szymanowska und eine Büste erhalten, die eine gewisse Vorstellung von ihrem Aussehen vermitteln. Doch wie wurde sie wahrgenommen? Seine Eindrücke von ihrer Person teilt unter anderen Stanisław Morawski mit, der die Künstlerin mit folgenden Worten porträtiert:

> Das aufmerksame und geübte Auge konnte sofort erkennen, dass Maria Szymanowska sehr zivilisiert und weltläufig war. Alles, was sie sagte, strömte ohne jedes So-Tun-als-Ob und ohne jedes Aufschneiden ganz natürlich von selbst, sie hatte nicht die geringsten Ambitionen auf Gelehrtheit, nicht den geringsten Wunsch, sich stolz zu geben und nach Effekten zu haschen, und genau damit überzeugte sie einen davon, dass sie viel konnte, dass sie viel wusste, dass sie viel selbst lernte und dass sie aus dem Gehörten in den höheren Gesellschaftsschichten alles, was nützlich und nett ist, mit wahrem Nutzen in ihre eigenen Begriffe fassen konnte. (…) Sie war gut mit der ganzen schönen Literatur Europas vertraut, sie sprach Englisch, Italienisch, Deutsch, und das Französische schrieb und sprach sie, als wäre sie eine gebürtige Französin.[1]

Nach Morawski unterschied sie sich deutlich von den Damen, die in den zeitgenössischen Salons verkehrten.

> Maria Szymanowska hatte in sich keine Spur dieser wie Eiderdaunen festen und zugleich weichen Exaltiertheit, wie sie heute so viele Frauen in Gesellschaft mit unausgesprochenem Zauber umgibt, die für die Männer heute so reizend und eine betörende Verführung sind. Ihre Gedanken, Gefühle und Meinungen waren Gedanken

---

1 Morawski, W Peterburku, S. 169.

> und Gefühle einer empfindsamen, wahren Frau, doch einer Frau, die stets alles mit unserem männlichen, gesunden Verstand beurteilte. Diese ihre praktische Überlegenheit, die im Umgang mit Menschen die so nette weibliche Schwäche von der Bildfläche verschwinden lässt, muss sicherlich davon gekommen sein, dass sie bei allen träumerischen Anlagen fast seit ihrer ersten Jugend dazu gezwungen war, an sich zu denken und über das Schicksal ihrer Kinder zu wachen. Sie hatte deshalb keine Zeit, in ihrer Seele diese Idealwelten auszubilden, zu denen Personen ihres Geschlechts und mit ihrer Erziehung durch das Glück irdischen Überflusses mit so großer Anerkennung in den Salons gelangen, was aber auch so schädliche Folgen in der Familie hat.[2]

Aus diesen Bemerkungen ist leicht zu folgern, dass Morawski davon überzeugt war, dass seine Freundin, nachdem sie sich von ihrem Mann getrennt hatte, die ganze Last auf sich genommen hatte, sich um ihre drei Kinder zu sorgen; dies habe ihr Verhalten »von Kindesbeinen an« diktiert.

> Mit dem Witz für dreißig geistreiche Frauen gesegnet, begriff sie zwar stets jede Lächerlichkeit in einem Menschen im Fluge, doch diese Beute behielt sie ganz für sich und erlaubte es ihr nie, triumphal durch die Welt zu ziehen.

Sie war also witzig – ein weiterer Beweis ihrer großen Intelligenz –, aber nicht boshaft. Aus den Berichten von Personen, die sie kannten, ergibt sich der Eindruck, dass sie durch ihr Verhalten niemals Abneigung provozierte. Mit gleicher Freundlichkeit richtete sie sich an alle, egal welchen Standes sie waren. Auch Morawski schrieb über »dieses besondere Taktgefühl im Umgang mit ihren Gästen.[3]
Wie sah sie aus? Morawski zufolge

> war sie schön. Aber für mich war sie vielleicht sogar mehr als schön, nämlich stark, aufgeweckt und außerordentlich angenehm, mit einem schon auf den ersten Blick anziehenden Gesicht. Die richtige Körpergröße. Die Taille einer wahren Muse, gerade, schick und

2 Ebenda, S. 172.
3 Ebenda, S. 175.

mit anständig vollen Formen, die die Sinne kitzeln. Ihre Bewegungen waren gefällig und weich (…). Sie hatte blaue Augen, dunkelblondes Haar, elfenbeinweiße Zähne, das Lachen polnischer Ehrlichkeit auf den Lippen, wie aus Rosen und Korallen genäht. (…) Nun fügt noch hinzu, was sich im Inneren dieses schönen und edlen Köpfchens befand, ergänzt, was so geistreich und angenehm aus diesem schönen und stets lustigen Mund kam; und dann begreift ihr leicht, warum so viele Menschen nach ihr verrückt waren, sie aber nach niemandem!⁴

Abb. 19: Porträt, das V. d'Harlingue zwischen 1827 und 1830 in St. Petersburg anfertigte.
Quelle: cyfrowe.mnw.art.pl.

Hat es in Szymanowskas Leben nach der Scheidung einen anderen Mann gegeben? Eine solche Frage wird auch durch die jahrelang wiederholte Vermutung nahegelegt, dass sie eine Romanze mit Mickiewicz gehabt habe. Die Neigung des Dichters zu älteren Frauen war bekannt, und manche meinten, dass sein Sohn Władysław alle Zeugnisse für eine Nähe zwischen seinem Vater und seiner künftigen Schwiegermutter vernichtet habe. Marias Korrespondenz ist aber erhalten geblieben, und sie gibt keinerlei Anlass zu derlei Vermutungen. Es scheint merkwürdig, dass niemand aus der Umgebung darauf gekommen ist, die beiden könnten ein Paar sein, und das noch dazu in einer Situation, in der die Pianistin die ganze Zeit mit ihrer Familie oder ihren Schülerinnen verbrachte oder aber im Zentrum gesellschaftlicher Veranstaltungen stand. Da sie ungebunden war, hätte sie eine solche Beziehung noch nicht einmal geheim halten müssen, doch niemand aus dem Kreis ihrer Bekannten oder aus dem Umfeld Mickiewiczs hat auch nur einen Hinweis hinterlassen, der einen

4 Ebenda. S. 169 f.

solchen Verdacht bekräftigen würde. Morawski zufolge machte Szymanowska sogar den Eindruck, als würde sie jegliche Anspielung auf erotische Dinge meiden, die bei ihr vielleicht keine angenehmen Reaktionen hervorriefen:

> Die, wenn auch mit dem guten Ton übereinstimmenden und damals als Überbleibsel des alten Frauenwitzes im Salon akzeptierten, zweideutigen und heiklen Anspielungen, welche die französische Sprache im geselligen Gespräch so umfangreich zur Verfügung stellt, ließen sie wie ein junges Fräulein erröten. Und diese unnötige, sehr häufig zur Schau gestellte Verschämtheit, die mich stets aufbrachte, da sie bei einer Frau ihrer Lage und ihres Alters unnötig war, gehörte, selbst wenn sie aufrichtig und nicht vorgespielt war, zu ihren Nachteilen – da sie mit dem Rest ihres aufgeweckten und keinesfalls nonnenhaften Auftretens überhaupt nicht zusammenpasste.[5]

Und er fuhr fort:

> bei all der Güte und Weichheit ihres Herzens, bei aller Seele, die sie in jede Musik legte, obwohl sie also alles andere als unempfindlich sein konnte, so scheint mir, dass sie zumindest damals, als ich sie kennenlernte, nicht mehr in der Lage war, sich zu verlieben. Dass sie also in ihrem Leben, so früh in die Welt gestoßen, nie einen Skandal verursachte, sich keine Liebesintrige vorwerfen lassen konnte, war sicherlich Folge ihres vernünftigen Lebenswandels, aber viel mehr noch ihrer glücklichen Natur.[6]

Maria Szymanowska fühlte sich offensichtlich nicht zur Rolle einer Ehefrau berufen. Aber was für eine Mutter war sie? Wenn man in Helenas Tagebuch nach Auslassungen über ihre Persönlichkeit und die Beziehung zu den Töchtern sucht, findet man nur sehr spärliche Hinweise. Beide achteten und bewunderten sie, doch sie waren fern von ihr aufgewachsen, und die Folgen dieser Entfernung lassen sich in den Aufzeichnungen der jüngeren Tochter erkennen. Die Sechzehnjährige war zusammen mit ihrer Schwester in einer Warschauer Pension groß geworden, sie war

---

5 Ebenda, S. 171.
6 Ebenda, S. 182.

an ihre Großeltern, die Tanten, Onkel und an den Vater gewöhnt. Die Rückkehr der Mutter und die Aussicht auf einen Umzug gemeinsam mit ihr müssen für sie aufregend gewesen sein, doch bedeutete dies auch alle zu verlassen, mit denen sie sich verbunden fühlte. Hinweise auf ihre Sehnsucht nach Warschau und Otwock finden sich gleich mehrfach. Frappierend ist, dass sie bereits relativ schnell, schon in Moskau, auf zwei Personen stieß, zu denen sie ein geradezu inniges Verhältnis aufbaute. Eine war Joanna Zaleska, über die sie sich in den höchsten Gefühlen äußerte: »ich kann mich so glücklich schätzen, ich habe einen Engel auf Erden kennengelernt, ich habe Frau Zaleska kennengelernt!!!« Die zweite war Natalia Titow, der ihre Mutter Unterricht erteilte. Die Briefe »von der allerliebsten Natalia« behandelte Helena wie unschätzbare Talismane und bewahrte sie zeit ihres Lebens auf.

Ihren Töchtern ermöglichte Maria Szymanowska eine für diese Gesellschaftsschicht typische Bildung. Vor allem lernten sie Sprachen. Französisch war Pflicht, und sie verwendeten es in den russischen Salons jeden Tag. Immer nützlicher wurde Englisch, also hatten sie auch in dieser Sprache Unterricht. Helena lernte leidenschaftlich gerne Deutsch, da sie diese Sprache unter Anleitung von Franciszek Malewski kennenlernte, und sicherlich war auch eine zusätzliche Motivation behilflich, da der Lehrer später zu ihrem Mann werden sollte. Die Teilnahme am Tanzunterricht bot Frau Golizyn den Mädchen an. Beide Fräulein Szymanowska lernten auch singen. Andere Fächer tauchen in Helenas Tagebuch nicht auf.

In ihrem Verhältnis zur Musik, also zur Berufung ihrer Mutter, unterschieden sich beide Töchter deutlich. Helena interessierte sich nicht für Musik, auch wenn Michail Glinka meinte, sie würde »hübsch« singen. Die Notwendigkeit, ihre Mutter zu Konzerten zu begleiten, wurde für sie rasch zu einer unangenehmen Pflicht, und schon im März 1828 notierte sie: »Um sieben Uhr fuhren Mama und Celina zu einem Konzert von Mayer. Ich bin von Konzerten so gelangweilt, dass ich keines mehr besuchen werde.«[7] Vier Tage später konnte sie mit Erleichterung schreiben: »auf meine inständigen Forderungen hin hat mich Mutter ein für alle Mal von der Pflicht zum Besuch von Konzerten entbunden …«. Zwei Jahre später klagte sie beim Abschied von John Field aber nicht über die

---

7 Szymanowska-Malewska, Dzienniki, Eintrag vom 13.3.1828.

Notwendigkeit, seinem Spiel zu lauschen: »Field [war] morgens bei uns. Field fährt heute mit dem Dampfschiff für drei Monate nach England. Er hat sich in unsere neuen Stammbücher eingetragen und hat mehr als eine Stunde mit seinem Spiel begeistert.«[8] Celina hatte von ihrer Mutter hingegen die Liebe zur Musik geerbt und spielte selbst gerne Klavier. Sie litt an einer Neigung zur Melancholie und verbrachte deshalb gerne lange Stunden am Klavier.

Helena beschreibt im Einzelnen, wie jeder Tag verging, und so wissen wir, dass die Familie am Sonntag regelmäßig in der Kirche war. Teofil Syga und Stanisław Szenic, die vor längerem ein Panorama der Zeiten und der Orte geschrieben haben, in denen Maria Szymanowska lebte, machen darauf aufmerksam, dass im orthodoxen Sankt Petersburg die katholischen Kirchen der Treffpunkt der Polen waren. Damit enden aber schon die Hinweise auf die Religion, da es in den Aufzeichnungen ihrer Tochter keine Hinweise darauf gibt, dass sich in der Gesellschaft ihrer Mutter Pfarrer oder andere Kirchenleute befunden hätten. Das bestätigt eine Regel, auf die auch heutzutage aufmerksam gemacht wird: Je geringer die Religiosität einer Frau, desto größer ist ihre Unabhängigkeit und Selbständigkeit im Leben – oder umgekehrt.

---

8 Ebenda, Eintrag vom 18.5.1831.

Das letzte Jahr

Gegen Ende August 1830 informierte Maria Szymanowska Thorvaldsen, dass ihr Sohn Romuald und ihre Schwester Kazimiera aus Warschau gekommen seien und dass sich ihre jüngere Tochter verlobt habe (mit Erazm Puchalski, den sie seinerzeit bei einem Ball kennengelernt hatte). Diesen familiären Neuigkeiten fügte sie einige Worte hinzu, die nahelegen, dass ihr die Verantwortung, die sie für so viele Menschen übernommen hatte, langsam zur Last wurde und ihr die Lust am Klavierspiel nahm: »Diese Verbindung bereitet mir Freude und hilft mir, das anstrengende Leben zu ertragen, das ich führe, denn leider muss ich Stunden geben, um meine kleine Familie zu ernähren, und das ist eine Art von Beruf, die einem den Geschmack an der Musik verleidet und das Talent tötet.«[1] Dennoch ergriff sie zu Beginn des nächsten Jahres eine neue Initiative. Es handelte sich, nach den Namen zu urteilen, die Helena aufgeschrieben hat, um eine sowohl musikalische als auch gesellschaftliche Unternehmung, mit einem überraschend stark vertretenen diplomatischen Korps.

> Sonntag [11./23. Januar 1831]. Heute bei Mama die erste Singakademie. Neben den nicht anwesenden Mitgliedern waren da: Fürst Serge Galizyn mit Frau (sie sang), Frau Bolesława P[otocka], Frau Choiseul, Frau Bezobrazow, das Ehepaar Ludolf (neapolitanisch), Wielhorski, Gritti, Jakowlew, Clapeyron, Palmstierna (Schwede), Paez (Spanier), Solivan (Holländer), Simonetti (Sardinier), Durnow, Chytrow, unsere Fürstin Galizyn, die mich beglückwünschte.[2]

Der Ausbruch des Novemberaufstands 1830 in Warschau hatte das Verhältnis der Russen zu den in Sankt Petersburg lebenden Polen belastet.

---

1 https://arkivet.thorvaldsensmuseum.dk/documents/m151830,nr.125?highlight=Maria+Szymanowska
2 Ebenda, Eintrag vom 11./23.1.1831.

Ob Szymanowskas Initiative vielleicht etwas mit dieser Situation zu tun hatte?

Derweil war in Sankt Petersburg selbst eine Gefahr aufgetaucht, die alle bedrohte, egal welcher Nationalität sie waren: Die Choleraepidemie brach aus. 1829 war sie in Indien beobachtet worden, in der Mitte des folgenden Jahres war sie nach Russland gelangt und im Februar 1831, zusammen mit der russischen Armee, die den Aufstand bekämpfte, auch nach Polen. Die Zahl der Opfer wuchs und damit auch die gesellschaftliche Unruhe. Da man die Ursachen der Krankheit nicht kannte, sich aber auch nicht an die Anweisungen zur Hygiene und zur Desinfektion des Körpers sowie der eigenen Umgebung halten wollte, gab die Menge den Ärzten die Schuld an der Ausbreitung der Krankheit, und im Juni kam es deshalb in der Hauptstadt zu so schlimmen Unruhen, dass sie zu vielen Opfern unter Medizinern führten. Helena verzeichnete sie in ihrem Tagebuch nur mit einem Satz, was auch deshalb ungewöhnlich war, da sie in dieser Zeit völlig mit ihrer Verlobung beschäftigt war und sich weniger vor der Cholera fürchtete als vielmehr davor, »vor Glück zu sterben«. Wie gewohnt führte sie jedoch sorgfältig eine Chronik der Besuche, die nahelegt, dass von einem »Lockdown« keine Rede sein konnte. Das gesellschaftliche Leben der Szymanowskas ging ebenso intensiv weiter wie zuvor. Was Mitte Juli geschah, war deshalb ein unerwarteter Schlag.

> Sonntag, 12./24. Juli. Um acht Uhr ist Mama aufgestanden, hat sich angezogen und mich und Kazimiera geweckt, um mit ihr in die Kirche zu gehen, aber Kazia wollte nicht gehen, und ich habe mich nicht rasch angezogen, also ging sie mit Julinia und sagte uns, wir sollten später gehen. Celina und ich gingen gegen 10 Uhr hinaus und trafen sie einige Häuser weiter. Sie hielt an, um uns ein Fläschchen mit Essig zu geben.[3]

Essig hielt man für ein grundlegendes Desinfektionsmittel (das Volk dachte dagegen, es sei Gift). Die Ärzte rieten, immer Essig bei sich zu tragen und oft Hände und Gesicht zu desinfizieren.

---

3 Szymanowska-Malewska, Dzienniki, Eintrag vom 12./24.7.1831.

Das letzte Jahr

> Wir waren nicht lange in der Kirche, und als wir zurückkamen, fanden wir sie schon liegend vor. Sie klagte über Blutrauschen im Kopf und war überaus erhitzt und rot, dabei hatte sie Durchfall. Gegen ein Uhr fühlte sie sich viel schlimmer. Als wir vor dem Haus von Scherbin Morawskis Droschke sahen, schickten wir nach ihm. Derweil kamen Lubecki, Malewski und Daniłowicz. Sie rief sie zu sich und sprach recht ruhig mit ihnen. Als Morawski kam, verließen alle das Zimmer. Nach der Untersuchung verschrieb er ihr eine Arznei und verließ das Zimmer ganz verstört. Er nahm Malewski an der Hand und sprach mit ihm lange im Gehen.[4]

Trotz der fürsorglichen Pflege durch ihre Familie und trotz ärztlicher Hilfe (»Teodor brachte Olicki herbei, der gleich anwies, sie zur Ader zu lassen, und Wismut verabreichte«), trotz der Anwendung unterschiedlicher Medikamente und trotz der Konsultation weiterer Ärzte verbesserte sich der Zustand der Kranken nicht. Morawski, der sich über den Zustand seiner Freundin im Klaren war, erinnerte sich folgendermaßen an den tragischen Augenblick:

> Mein gütiger Gott, entferne diese Augenblicke aus meiner Erinnerung! Unsere Szymanowska, die noch vor Kurzem in meinen Augen gesund, lustig und munter war, ist am 25. Juli 1831 zum Opfer dieses mörderischen Hauchs geworden. Einige Stunden ernster Qual, die sie mit wunderlichem Mut und unglaublicher Geistesruhe ertrug, führten zu nichts, und sie starb.[5]

Und Helena hielt fest: »Unsere Unsicherheit dauerte bis 3 Uhr morgens, und um 10 Minuten vor 4 hat die, die uns so teuer war, sich von uns und der Welt verabschiedet und sich in ein besseres Leben begeben.«[6]

In allen Nachrichten über die Ursachen für Szymanowskas Tod wird nur die Cholera angegeben, die tatsächlich sehr gefährlich war, da nach den damaligen Daten während der Epidemie etwa jede zweite erkrankte Person starb. Von dem damit einhergehenden Hirnschlag ist jedoch nur

---

4 Ebenda.
5 Morawski, W Peterburku, S. 197.
6 Szymanowska-Malewska, Dzienniki, Eintrag vom 12./24.7.1831.

selten die Rede; er vereitelte jede Überlebenschance. Vermutlich war er eine Folge des Bluthochdrucks, der wiederum zum Beispiel auf Übermüdung zurückzuführen war. Helena schrieb ausdrücklich: »Dann erst erfuhren wir, dass es vom ersten Augenblick an keine Hoffnung gab. Denn zum Hirnschlag hatte sich die Cholera gesellt, und das hat sie umgebracht.«[7]

Maria Szymanowska wurde auf dem Friedhof Mitrofanewsk bestattet. Er war damals eigens für die Choleraopfer eingerichtet worden und wurde hundert Jahre später aufgelöst. Heute erinnert an die Pianistin ein symbolischer Grabstein, der am 25. September 2010 in der Petersburger Nekropole der Meister der Kunst aufgestellt wurde, direkt neben dem Alexander-Newski-Kloster.

---

7 Ebenda.

Anhang

Zur Familie

Die Eltern

Beide Eltern überlebten Maria Szymanowska. Ihre Mutter starb 1835 im Alter von 67 Jahren. Ihr Vater starb vier Jahre später, an seinem 81. Geburtstag. In seinem Nachruf hieß es: »Bürgerlicher Ratsherr, ehrbarer Bürger von Warschau, Eigentümer einer Liegenschaft an der ulica Walicòw, Vater der Klavierspielerin Maria Szymanowska; er hinterließ vier Kinder, neunzehn Enkel und neun Urenkel.«

Die Geschwister

Julia kehrte nach Warschau zurück. Einige Jahre später öffnete ihr, wie Gabriela Puzynia schreibt, der Wiener Augenarzt Friedrich Jäger mit einem gelungenen Eingriff »die Augen nach vierzig oder Mehr Jahren auf Gottes Erde. Sie nahm lange Zeit ganz Warschau durch ihre Fröhlichkeit ein. Nie konnte es für sie genug Licht geben! Blumen, Grün, Himmel, Menschen, ihre Kleidung, Tiere, mit einem Wort alles war für sie ein Wunder, ein Schauspiel, und sie wiederum war ein Schauspiel für andere. Sie konnte keine Entfernungen abschätzen und sprang mit Entsetzen von einem Fenster im zweiten Stock zurück, wenn ein Pferdefuhrwerk durch die Straße fuhr, da sie meinte, es würde sie überfahren!«[1] Sie starb 1873 im Alter von rund 86 Jahren.

Kazimiera galt als die hübscheste der Schwestern. Nachdem sie vergeblich darauf gewartet hatte, dass Doktor Morawski um ihre Hand anhalten würde, kehrte sie nach Warschau zurück. Sie erfüllte den Wunsch ihrer Mutter und heiratete ihren Cousin, den Rechtsanwalt Jan Tadeusz Wołowski. Schon 1843 wurde sie Witwe und erzog ihre Tochter Celina alleine. 1888 starb sie.

---

1   Puzynina, W Wilnie, S. 224.

Karol, der seine Cousine Aleksandra Wołowska geheiratet hatte, arbeitete als städtischer Beamter in Warschau (Sequester für Revier 7). Er starb 1863 im Alter von 72 Jahren.

Stanisław nahm als Arzt beim Generalstab am Novemberaufstand 1830/31 teil. Bei Grochów verwundet, emigrierte er nach der Niederschlagung des Aufstands nach Frankreich. Gemeinsam mit Julian Ursyn Niemcewicz war er Trauzeuge bei der Heirat seiner Nichte Celina mit Adam Mickiewicz. Für seine Hilfsbereitschaft während der Choleraepidemie, die 1832 nach Paris gelangte, wurde er mit der Ehrenlegion ausgezeichnet. Er starb 1847 im Alter von 51 Jahren.

Teodor blieb in Sankt Petersburg, wo er als Zensor arbeitete. 1839 wurde er geadelt und erhielt das Recht, sich mit dem Wappen Bawół zu schmücken. Nach dem Eintritt in den Ruhestand kehrte er nach Warschau zurück, wo er 1868 mit etwa 60 Jahren starb.

Die Kinder

Romuald, der als Oberleutnant im Ingenieurkorps diente, starb 1839 in Georgien in seinem 28. Lebensjahr.

Celina wurde von ihrem Verlobten verlassen, als dieser erkannte, dass die Frau, die er sich zur Gattin erkoren hatte, verwaist war und keine Aussteuer besaß. Sie kehrte zu ihren Großeltern nach Warschau zurück. Nach einigen Monaten zog sie zu ihrem Vater, der damals ein Gut in Sielce bei Kielce verwaltete. Nach seinem plötzlichen Tod 1832 ging sie wieder nach Warschau, doch als sie einen Brief von Adam Mickiewicz erhielt, der ihr die Ehe vorschlug, siedelte sie nach Paris über. Sie heirateten 1834, hatten zwei Töchter und vier Söhne. Celina starb 1855 mit 42 Jahren.

Helena heiratete Franciszek Malewski. Zusammen mit ihrem Mann blieb sie in Sankt Petersburg und führte einen Salon, wo sie das gesellschaftliche Engagement ihrer Mutter nachahmte. Sie war dafür bekannt, patriotische Gefühle an den Tag zu legen und wohltätig zu sein. 1861 starb sie im Alter von 50 Jahren.

Maria, die Tochter von Helena und Franciszek Malewski, heiratete ihren Cousin, den ältesten Sohn von Celina und Adam Mickiewicz.

Onkel Franciszek und Tante Tekla Wołowski
Nach dem Novemberaufstand emigrierten sie mit ihrem Sohn nach Paris. 1860 veröffentlichte Tekla den ersten Band einer *Geschichte Polens*. Ihr Sohn Louis Wolowski galt als einer der einflussreichsten Finanziers seiner Zeit in Frankreich und gründete dort die erste Hypothekenbank.

Wichtige Werke
(In Klammern jeweils das Datum der Erstveröffentlichung)

Für Klavier
Vingt Exercices et Préludes pour le pianoforte (1819)
Caprice sur la Romance de Joconde (1819)
Dix-huit Danses de différent genre (1819)
Fantaisie (1820)
Grande Valse für Klavier zu 4 Händen (1820)
Nocturne As-dur »Le Murmure« (1824)
24 Mazurken (1826)

Kammermusik:
Divertissement für Klavier und Geige (1819)
Sérénade für Klavier und Cello (1819)

Lieder
Śpiewy historyczne (Historische Gesänge): Jadwiga królowa polska; Jan Albrycht, Duma o kniaziu Michale Glińskim (1816)
Lieder zu Worten von Adam Mickiewicz: Pieśń z wieży, Pieśń o Wilji, ballada Alpuhara, Świtezianka (1828)

Personenverzeichnis

Agar, John Samuel 26
Aljabjew, Alexander 146
Alexander I., Zar von Russland 19, 32, 57, 59, 60, 144
Argerich, Martha 1
Arnould, Sophie 94

Bacciarelli, Marcello 20
Bach, Carl Philipp Emmanuel 58
Bach, Johann Sebastian 41, 42
Beauharnais, Hortense de 30
Baillot, Pierre 85, 86, 118, 148
Beethoven, Ludwig van 16, 81, 82, 84, 86, 89, 90, 93
Belleville, Anna de 49
Bertrand, Aline 145
Beydale, Cecylia 22
Białobłocki, Jan 124
Bischler, Doris 57, 114
Blahetka, Leopoldine 49
Bogusławski, Wojciech 8
Boisserée, Sulpiz 81
Boieldieu, François-Adrien 85
Brenner, Henri 26
Brühl, Karl von 83
Brunner, Fidelis 33
Brzezińska, Filipina 29
Brzeziński, Michał 5
Buksza, Jan 130

Carl Friedrich von Sachsen-Weimar, Erbprinz 54
Catalani, Angelica 50, 55, 98, 100–102, 151

Cherubini, Luigi 14, 16, 85, 88, 133
Chodkiewicz, Aleksander 47
Chodkiewicz, Karol 22
Chodkiewiczowa, Karolina 22, 48
Chodkiewiczowa, Zofia 34
Chopin, Fryderyk 37, 42, 44, 73, 90, 113, 124, 125, 146, 155
Clementi, Muzio 42, 54, 101, 106
Colbran, Isabella 100
Cramer, Johann 41, 101
Cristofori, Bartolomeo 106
Czarnecki, Stefan 24
Czartoryska, Izabela 17, 20–22
Czartoryski, Adam Jerzy 25, 116
Czerny, Karl 42

Damse, Józef 123
Daszkiewicz, Cyprian 144, 151
Davide, Giovanni 111
Della-Maria, Dominique 44
Derschawin, Gawriil 133, 145
Deszczyński, Józef 23
Dmuszewski, Ludwik Adam 52, 66
Dobrzyńska, Aleksandra 80
Dobrzyński, Ignacy Jan 127
Dussek, Johann Ladislaus 15–17
Dusseck, Sophia 31, 54, 55, 89, 118

Eckermann, Johann Peter 80
Elisabeth Alexejewna, Zarin von Russland 57
Elsner, Józef (Joseph) 6, 8–11, 15, 30, 52, 66, 90, 123
Érard, Sébastien 9–11

Ferdinand I., König beider Sizilien 110
Field, John 30–32, 42, 54–56, 61, 77, 82, 84, 86, 89–91, 93, 101, 102, 133, 138, 139, 146, 161, 162
Frank, Jakub 3, 4
Frank, Joseph (Józef) 54
Friedrich II., König von Preußen 58

Glinka, Michail 146, 151, 161
Gliński, Michał 24, 169
Gluck, Christoph Willibald 117
Goethe, Johann Wolfgang von 1, 69–75, 79–85, 95, 109, 148
Goethe, Ottilie von 148
Golizyn, Aleksandra 150, 161
Golizyn, Alexander 35, 65
Golizyn, Dmitri (Wladimirowitsch) 56
Golizyn, Sergej 99
Gorecki, Antoni 52
Gortschakow, Alexander 139
Goszczyński, Seweryn 62
Gremm, Tomasz 8
Grimm, Friedrich Melchior Baron von 1

Hänsel, Peter 15
Hanslick, Eduard 49
Haydn, Joseph 6, 127
Hildesheim, Adam Günther von 129
Hummel, Johann Nepomuk 37, 54–57, 61, 66, 69, 70, 72, 77, 78, 82, 86, 89–91, 93, 95, 97, 101, 118, 124, 133

Isabey, Jean-Baptiste 26, 31

Jadwiga (Hedwig), Königin von Polen 24
Jan I. Olbracht, König von Polen 24, 169

Janczewski, Antoni 5
Josephine, Kaiserin von Frankreich 26, 31

Kalkbrenner, Friedrich 89
Kamieński, Henryk 34
Katharina II., Zarin von Russland 54
Kazimierz III., König von Polen 24
Kątski, Antoni 151
Kątski, Grzegorz 151
Kiesewetter, Christian Gottfried 121
Kirchgessner, Marianne 53
Kisting, Heinrich 83, 84
Klengel, August 13, 14, 38, 54, 56, 78, 82, 86, 89, 92, 145
Klukowski, Franciszek 31
Knebel, Carl Ludwig von 81
Kokular, Aleksander 109, 110
Konstantin, Großherzog 33, 44, 48, 59, 60
Kopernikus, Nikolaus 65, 134
Kościuszko, Tadeusz 7, 32, 35
Kozłowska, Teresa 130
Kozłowski, Ignacy Platon 130, 140, 144
Kurpiński, Karol 16, 23, 53, 126
Kuschelew-Bezborodko, Alexander 145

Lanckorońska, Marianna 4
Lanckorońska, Teresa 4
Le Brun, Andrzej (André) 20
Leo XII., Papst 107
Lessel, Franciszek 23, 25, 127
Lessel, Wincenty 21
Letronne, Louis (Ludwik) 51, 123
Levetzow, Ulrike von 71
Lieven, Fürst Christoph von 98, 100
Lipiński, Karol 61, 62
Lisowski, Antoni 8, 66

Longinow, Nikolai 143
Louis Ferdinand von Preußen 81, 84, 89
Lwow, Alexej 56, 151

Mackrott, Henryk 59, 60, 63
Malewski, Franciszek 149, 151–153, 161, 165, 168
Marcinkowski, Antoni 130
Maria Fjodorowna, Zarin von Russland 57
Maria Pawlowna Romanowa, Großfürstin von Russland 54, 55
Mayseder, Joseph 15
Méhul, Étienne-Nicolas 139
Mendelssohn, Fanny 31
Mendelssohn-Bartholdy, Felix 14, 81, 83, 95
Metastasio, Pietro 15
Mickiewicz, Adam 1, 2, 61, 65, 110, 138–141, 144, 148, 149, 151–155, 159, 168, 169
Milder-Hauptmann, Anna 71, 72
Mirecki, Franciszek 105
Moniuszko, Stanisław 127
Montgeroult, Hélène de 42, 144
Morawski, Stanisław 29, 37, 44, 88, 146, 149–151, 157, 158, 160, 165, 167
Morlacchi, Francesco 117
Mosqua, Friedrich Wilhelm 8
Mozart, Franz Xaver 16, 30, 50, 52, 61
Mozart, Maria Anna (Nannerl) 1, 2
Mozart, Wolfgang Amadeus 44, 55, 56, 89, 90, 102, 117
Müller, Friedrich von 10, 79–82, 85, 113, 114, 118, 148
Mycielski, Graf 69

Napoleon I. Bonaparte, Kaiser von Frankreich 9, 10, 31, 32, 34, 137
Niemcewicz, Julian Ursyn 21–25, 168
Nikolaus I., Zar von Russland 151
Norblin, Louis 85, 86
Nowosilzew, Nikolai 11, 35

Odyniec, Antoni 148
Ogiński, Michał Kleofas 38, 89, 106, 107, 114, 116, 123
Olejniczak, Olga 67
Olizar, Gustaw 61
Osztorp, Leon 136

Paër, Ferdinando 6, 10, 15, 16, 102, 106
Paradis, Maria Theresia von 49, 53
Pasta, Giuditta 86, 99, 101, 121
Paul I., Zar von Russland 120, 144
Pernet, Aleksandra de 32
Plater, Zofia 51
Polledra, Giovanni Battista 13, 14
Pomianowski, Piotr Z. 48
Poniatowski, Józef 65, 107
Potocka, Laura 22
Potocki, Stanisław Szczęsny 62
Puchalski, Erazm 152, 156, 163
Puschkin, Alexander 34, 133
Puschkin, Sergej 34
Puzynia, Gabriela 167
Puzzi, Giovanni 121

Radziwiłł, Antoni 33, 34, 37, 67
Ries, Ferdinand 54, 89, 124
Rode, Pierre 50
Rossini, Gioachino 98–103, 117, 118, 139, 146
Rzewuski, Wacław Graf 22

Salieri, Antonio 15, 16
Sapieha, Leon 141, 151, 156

Personenverzeichnis

Schubert, Franz 15
Schumann, Clara 67, 139
Schumann, Robert 41–43
Ségur, Joseph-Alexandre de 45
Sirmen, Maddalena 31, 53
Skibicki, Franciszek 22
Skibicki, Michał 123
Skłodowska-Curie, Maria 126
Smart, George 118
Sobieszczański, Franciszek 10, 27
Sontag, Henriette 146, 151
Spohr, Louis 84
Spontini, Gaspare 16, 59
Stanisław August Poniatowski, König von Polen 20
Staszic, Stanisław 21
Steibelt, Daniel 9, 54, 61, 91
Suchowiejko, Renata 16, 114
Sułkowska, Ewa 22
Syga, Teofil 47, 162
Szenic, Stanisław 47, 162
Szor, Elisza 3, 4
Szor, Szlomo → Wołowski, Franciszek Łukasz
Szymanowska, Celina 13, 80, 115, 136, 139, 144, 153–156, 161, 162, 164, 167, 168
Szymanowska, Helena 13, 80, 115, 120, 135–140, 142–145, 150, 152, 153, 155, 156, 160–166, 168
Szymanowski, Aleksy Karol 13
Szymanowski, Józef Teofil Franciszek 13, 28, 29, 48, 63
Szymanowski, Romuald 13, 163, 168

Tatarkiewicz, Józef Jakub 107, 108, 134
Tatarkiewicz, Władysław 107
Thorvaldsen, Bertel 64, 107, 108, 111, 113, 127, 134, 144, 163

Tokarczuk, Olga 3, 6, 9
Tolstoi, Lew 35
Tomášek (Tomaschek), Václav (Wenzel) 74, 75
Tyzenhaus, Aleksandra 129
Tyzenhaus, Marianna 129

Velutti, Giovanni Battista 116
Vogel, Benjamin 33, 101, 110

Weber, Carl Maria von 124
Wieck, Clara 43, 78, 89
Wieck, Friedrich 78
Wielhorski, Michał 151, 163
Wiernicka, Anna 59
Wilhelm I., König der Niederlande 120
Willemer, Johann von 71
Willemer, Marianne von 71
Wirtemberska (Württemberg), Maria Anna 22, 48
Wjasemskaja, Vera 35
Wjasemski, Pawel 35
Wjasemski, Pjotr 35, 56, 65, 68, 107, 121, 138, 140, 141, 156
Władysław Łokietek, König von Polen 22
Wodzińska, Maria 73
Wolowski, Louis 169
Wołowska, Aleksandra 168
Wołowska, Barbara 4–6
Wołowska, Joanna 5
Wołowska, Julia 5, 80, 135, 149, 150, 167
Wołowska, Kazimiera 68
Wołowska, Teresa 4, 5
Wołowski, Aleksander Andrzej 5
Wołowski, Franciszek 4, 5
Wołowski, Franciszek Łukasz 3, 4
Wołowski, Jan Ignacy 5, 9, 10, 19

Wołowski, Jan Tadeusz 167
Wołowski, Karol 5, 66, 68, 84, 120, 168
Wołowski, Seweryn 25
Wołowski, Stanisław 5, 53, 84, 88, 101, 102, 121, 129, 168
Wołowski, Teodor 5, 149, 151, 153, 154, 156, 165, 168
Woronicz, Jan Paweł 20
Woyno, Zofia 25, 26

Zajączek, Józef 32, 60
Zaleska, Joanna 140, 155, 161
Zamoyska, Celestyna 40
Zamoyska, Jadwiga 40
Zamoyska, Zofia 22, 26, 40
Zamoyski, Jan 22
Zapolska, Elżbieta 45
Zelter, Carl Friedrich 70, 71, 148

Żeleński, Władysław 127

Polnische Profile
Herausgegeben von Peter Oliver Loew

11: Tadeusz Różewicz
Unser älterer Bruder
Eine Text-Collage
Herausgegeben und aus dem Polnischen übersetzt von Bernhard Hartmann & Alois Woldan

2021. XII, 234 Seiten, 27 Abb., br
135x200 mm
ISBN 978-3-447-11610-7
⊙ E-Book: ISBN 978-3-447-39108-5
je € 22,90 (D)

Es waren drei Brüder: Ein Dichter, ein Filmregisseur und einer, der auch Dichter hätte werden können – wäre er nicht im letzten Kriegsjahr wegen seiner Untergrundaktivität von den Deutschen verhaftet und ermordet worden. Der Schriftsteller Tadeusz Różewicz (1921–2014), einer der großen polnischen Lyriker nach dem Zweiten Weltkrieg, hat in dieser ergreifenden Anthologie seinem älteren Bruder Janusz (1918–1944) ein literarisches Denkmal gesetzt, zu dem neben anderen auch der dritte Bruder Stanisław (1924–2008) Texte beigetragen hat: Janusz hatte für beide eine wichtige Vorbildfunktion.

Der Band enthält Gedichte, Prosafragmente und ausgewählte Briefe von Janusz, zahlreiche Erinnerungen an ihn sowie eine Reihe von Gedichten Tadeusz Różewiczs über seinen Bruder. Ergänzt durch Abbildungen entwirft diese Text-Collage das faszinierende Bild eines vielseitig begabten jungen Mannes, dessen Leben viel zu früh endete.

12: Tomasz Lem
Zoff wegen der Gravitation Oder: Mein Vater, Stanisław Lem
Aus dem Polnischen von Peter Oliver Loew

2021. X, 148 Seiten, 37 Abb., br
135x200 mm
ISBN 978-3-447-11622-0
⊙ E-Book: ISBN 978-3-447-39111-5
je € 22,– (D)

Stanisław Lem (1921–2006) war ein Phänomen: Polens berühmtester Zukunftsdenker und Visionär, zugleich wohl der meistübersetze polnische Autor ins Deutsche. Sein Werk begeistert nach wie vor Millionen. Doch wie entstanden seine Bücher? Wie lebte er und wie war es, Sohn dieses ein wenig verschrobenen Intellektuellen zu sein?

Tomasz, einziges Kind des Schriftstellers, hat sich seinem Vater vorsichtig genähert: Mit Erinnerungen, Anekdoten und Überlegungen zu einer komplexen Familienbeziehung. Es sind Aufzeichnungen voller Zuneigung und Distanz, die nicht nur einiges über den Schaffensprozess und literarische Inspirationen von Stanisław Lem erklären, sondern den genialisch-unnahbaren Denker auch in seinem Alltag zeigen und viele Einblicke in einen ganz persönlichen „Kosmos Lem" gewähren. Gleichzeitig erzählt es von einigen Jahrzehnten polnischer Nachkriegsgeschichte: Vom vertriebenen Lemberger in Krakau, von den leeren Geschäften, von der Emigration nach Berlin und Wien und von der Rückkehr ins hassgeliebte Heimatland.

Polnische Profile
Herausgegeben von Peter Oliver Loew

13: Janusz Garlicki

Von der Wahrscheinlichkeit zu überleben

Aus dem Warschauer Aufstand ins KZ-Außenlager bei den Frankfurter Adlerwerken

Aus dem Polnischen von Andrea Rudorff

2021. X, 292 Seiten, 4 Abb., br
135x200 mm
ISBN 978-3-447-11705-0
⊙E-Book: ISBN 978-3-447-39183-2
je € 22,90 (D)

Völlig auf sich allein gestellt erlebt der 21-jährige Janusz Garlicki im Sommer 1944 den Beginn des Warschauer Aufstands gegen die deutschen Besatzer. Genau beschreibt er die Verschleppung aus dem aufständischen Warschau, die Zwischenstation in Buchenwald, die Auswirkungen von Gefangenschaft, Erniedrigung und Mangelversorgung auf die Häftlinge, gibt Einblicke in ihre Verzweiflung, ihre Sehnsucht nach der Freiheit, der Heimat und der Familie. Anders als Hunderte seiner Mithäftlinge überlebt Janusz Garlicki die extrem grausamen Bedingungen in den Adlerwerken und den Todesmarsch, bis er auf dem dritten Wegabschnitt in Richtung Dachau bereit ist, die Flucht zu wagen ...

Jahrzehnte nach Kriegsende verfasste Janusz Garlicki seine Erinnerungen, offen und unmittelbar, mit subtiler Beobachtungsgabe. Das Buch ist ein wichtiges Zeugnis für die Zeit des Nationalsozialismus in der Region Frankfurt und darüber hinaus, für das System Zwangsarbeit und für das Schicksal der Menschen aus den von Deutschland besetzten Ländern.

14: Piotr Szlanta

Der »Polenfresser« gegen die »Reichsfeinde«

Kaiser Wilhelm II. und die Polen 1888–1918

Aus dem Polnischen von Matthias Barelkowski

2022. VI, 236 Seiten, 18 Abb., br
135x200 mm
ISBN 978-3-447-11915-3
⊙E-Book-ISBN 978-3-447-39338-6
je € 22,– (D)

Zu Beginn seiner Amtszeit schien sich Kaiser Wilhelm II. zunächst seinen polnischen Untertanen gegenüber wohlwollend zu verhalten. Doch ab 1894 wurde er zu einem erklärten Feind aller politischen Bestrebungen Polens. Er kehrte zum Germanisierungskurs zurück, der unter Reichskanzler Otto von Bismarck begonnen hatte. Polinnen und Polen machten zwar rund zehn Prozent der preußischen Bevölkerung aus, doch ihre Rechte auf eine eigene nationale Identität, auf Tradition und Pflege der Sprache wurden vom Staat nicht geachtet. Der deutsch-polnische Konflikt wurde auch vom Kaiser selbst geschürt. Seine provokativen Reden riefen bei Polinnen und Polen immer wieder Empörung hervor, sowohl im Reich als auch in den übrigen Teilungsgebieten Polens.

In seinem Buch schreibt Piotr Szlanta ein bislang wenig bekanntes Kapitel der deutsch-polnischen Beziehungsgeschichte und schildert aufgrund umfangreicher Quellenstudien Episoden aus dem politischen und gesellschaftlichen Leben unter Kaiser Wilhelm II.